हास्य एकांकी

स्वीकृति हेतु पता :
बी-255, सेक्टर-26
नोएडा-201301
ई-मेल : dpsinha50@hotmail.com तथा
pkbharti2004@yahoo.com

हास्य एकांकी

रंगमंच पर सफलतापूर्वक अभिनीत हास्य-एकांकी संग्रह

दया प्रकाश सिन्हा

वाणी प्रकाशन

वाणी प्रकाशन

4695, 21-ए, दरियागंज, नयी दिल्ली 110 002

फ़ोन : +91 11 23273167 फ़ैक्स : +91 11 23275710

शाखाएँ

अशोक राजपथ, पटना 800 004, बिहार

कॉफ़ी हाउस कैम्पस, महात्मा गांधी मार्ग, इलाहाबाद 211 001, उत्तर प्रदेश

महात्मा गांधी अन्तरराष्ट्रीय हिन्दी विश्वविद्यालय, वर्धा 442 001, महाराष्ट्र

www.vaniprakashan.in
marketing@vaniprakashan.in
sales@vaniprakashan.in

HASYA EKANKI
by Daya Prakash Sinha

ISBN : 978-93-5072-391-3
Play

प्रथम संस्करण 2015

आवृत्ति 2018

मूल्य : ₹ 225

एम.एस. प्रिंटर्स, दिल्ली-110 095 में मुद्रित

वाणी प्रकाशन का लोगो मक़बूल फ़िदा हुसेन की कूची से

प्रथम संस्करण की भूमिका

बंगला का अपना रंगमंच है, मराठी का अपना तथा गुज़राती का अपना। अन्य क्षेत्रीय भाषाओं में भी रंगमंच पर्याप्त मात्रा में विकसित हैं। एक हिन्दी क्षेत्र ही ऐसा अभागा है, जिसके पास अपना रंगमंच कहने को कुछ नहीं है। इधर हिन्दी के अल्प-विकसित अव्यावसायिक रंगमंच में क्षेत्रीय भाषाओं के सफल नाटकों की बाढ़-सी आयी है, जिनको मंचित करने में हिन्दी-निर्देशक एक-दूसरे से होड़ ले रहे हैं, तथा गर्व अनुभव करते हैं। यह भी अन्ततः हिन्दी नाटक-लेखन के लिए अहितकर है। भय है कि क्षेत्रीय भाषाओं की नाटक-लेखन की समृद्ध परम्परा के विशाल वृक्ष की छाया में हिन्दी नाटक का सुकुमार नव-अंकुर सूख ही न जाए।

हिन्दी रंगमंचीय एकांकी की स्थिति भी अच्छी नहीं है। पिछले वर्षों में अधिकतर ध्वनि-एकांकी रेडियो के लिए लिखे गये हैं। कारण स्पष्ट है। रेडियो से ध्वनि-एकांकियों की माँग रही है, जिसमें पारिश्रमिक भुगतान (कितना ही कम क्यों न हो) तुरन्त है। इसके विरुद्ध न तो रंगमंच से एकांकी की माँग थी, और न उससे किसी प्रकार के पारिश्रमिक प्राप्त होने की आशा। इसलिए स्वभावतः रंगमंचीय एकांकी नहीं लिखे गये। कुछ प्रतिष्ठित लेखकों ने अपने रेडियो-रूपक हेर-फेर करके रंगमंचीय एकांकियों के रूप में प्रकाशित करवा दिए। किन्तु वे प्रेक्षकों में सफल नहीं हो सके। बाह्य-रूप परिवर्तन करने पर भी रेडियो-नाटक मंच पर सफल नहीं हो सकता, क्योंकि उसकी मूल-कल्पना श्रव्य-नाटक के रूप में होती है, जो मंचीय आवश्यकताओं से भिन्न ही नहीं, सर्वथा विरोधी होती है। मंच पर वही नाटक सफल हो सकता है, जो प्रेक्षक वर्ग के लिए लिखा गया हो, तथा जिसकी मूल-कल्पना मंचीय दृश्य-नाटक के रूप में की गयी हो।

प्रस्तुत संग्रह में संकलित एकांकी मूलतः रंगमंच के लिए लिखे गये हैं तथा रंगमंच पर सफलतापूर्वक अभिनीत भी हो चुके हैं। इससे आशा है कि यह संग्रह रंगमंचीय हिन्दी-एकांकी के अभाव की पूर्ति में अपना विनम्र योगदान प्रदान करेगा।

वर्तमान संस्करण की भूमिका

यह मेरे व्यक्तिगत संज्ञान में है कि इस संग्रह में संकलित एकांकी नाटकों के अनगिनत प्रदर्शन स्कूलों में हुए हैं, किन्तु केवल गिने-चुने स्कूलों ने इन एकांकियों के मंचस्थ करने के पूर्व नाटककार की विधिवत स्वीकृति माँगी। इसका कारण यह है कि भारत में आजादी के बाद, इतनी दशाब्दियों के बीत जाने के बाद भी, नाटक/रंगमंच समाज के हाशिये पर है। अतएवं रंगकर्मी जानते ही नहीं कि नाटक मंचस्थ करने के पूर्व, नाटककार की स्वीकृति आवश्यक है। बिना पूर्व स्वीकृति के नाटक मंचस्थ करना एक दंडनीय अपराध है। स्कूलों में जो विद्यार्थी अपने नवायु उत्साह में नाटक करते हैं, वे इस प्राविधान से अनभिज्ञ होते हैं। वे अध्यापक भी जिनके पास सांस्कृतिक कार्यक्रमों के आयोजन का दायित्व होता है, इस प्राविधान को नहीं जानते हैं। और अगर जानते भी हैं तो इसे बहुत महत्वपूर्ण नहीं समझते। कौन स्वीकृति माँगने के झंझट में पड़े? बिना बात की लिखा-पढ़ी और चिट्ठी-पत्री! कहाँ लेखक को पता लगने वाला है कि उसका नाटक किस दूर-दराज के स्कूल में मंचस्थ हो गया? साथ ही बहुत से रंगकर्मियों को यह भी भय रहता है कि अगर नाटककार ने रॉयल्टी के रूप में मोटी रकम माँग ली तो? वैसे भी नाटक मंचस्थ करना महँगा सौदा है। और अगर नाटककार को भी रॉयल्टी देनी पड़ी, तो कैसे होगा नाटक? ये मजबूरियाँ हैं जिनके कारण, नाटक प्रायः नाटककार की पूर्व स्वीकृति के बिना ही किये जाते हैं।

नाटक मंचन के पूर्व नाटककार की स्वीकृति लेना रंगकर्मियों का नैतिक दायित्व है। ये रंगविधा की मूलभूत शर्त है। ये रंग-संस्कृति का अनिवार्य अनुशासन है। मेरा अनुभव है कि हिन्दी के प्रायः सभी नाटककार बिना रॉयल्टी की माँग के अपने नाटक की प्रस्तुति की स्वीकृति दे देते हैं। मैंने भी अब तक बिना किसी माँग के अपने नाटकों के मंचन की स्वीकृति दी है। इस माध्यम से नाटककार को ज्ञात होता है कि उसका नाटक कहाँ-कहाँ किस नाटक मंडली ने खेला। वह कितना लोकप्रिय या अलोकप्रिय हुआ। अलोकप्रिय हुआ तो क्यों? नाटक मंचन के पूर्व नाटककार की स्वीकृति प्राप्त करते समय, यदि रंगमंडली अपनी आर्थिक

स्थिति का हवाला देते हुए साफ-साफ लिख दे कि वह रॉयल्टी देने की स्थिति में नहीं है, तो नाटककार रॉयल्टी की माँग ही नहीं करेगा। नाटककार के लिए रॉयल्टी की छोटी-सी धनराशि से बड़ा संतोष नाटक के मंचस्थ होने में होगा।

मुझे आशा है कि रंगान्दोलन के विस्तार के साथ नाटकों को मंचस्थ करने के पूर्व, नाटककार की पूर्व स्वीकृति प्राप्त करना रंगकर्मी अपना नैतिक कर्तव्य समझेंगे।

जून 2013 **–दया प्रकाश सिन्हा**

अनुक्रम

पुराने चावल

पात्र

रंजीत : 28-30 वर्ष का सम्पन्न, शिक्षित युवक।
धीर : रंजीत का समवयस्क मित्र।
हरीश : रंजीत का समवयस्क मित्र।
छदामी लाल : रंजीत का पड़ोसी। आयु लगभग 55 वर्ष।

समय : वर्तमान।
मंचसज्जा : रंजीत का मध्यवर्गीय ड्राइंग रूम। सजावट नाटक खेलने वालों की सुविधानुसार।

कमरे का एक द्वार घर के बाहर खुलता है, और एक घर के अन्दर। पर्दा खुलने पर रंजीत और धीर, जो चाय पी रहे हैं बड़े जोर से हँसते हुए दिखाई पड़ते हैं। तब ही अचानक लाला छदामी लाल बाहर से आते हैं। छदामी लाल की आयु लगभग पचपन वर्ष है। वह शरीर से दुबले-पतले हैं, मगर बहुत ही अकड़कर चलते हैं। मूँछें ऐंठकर रखते हैं। बगुले के पंख जैसी बारीक सफेद धोती और कुर्ते पर सोने की 'चेन' गले में डालते हैं।

छदामी : **(प्रवेश करके)** रंजीत बाबू!
रंजीत : **(अप्रत्याशित आने से चौंककर)** बाबू छदामी लाल आप? आइए, आइए!
धीर : यह कौन साहब हैं रंजीत बाबू?
रंजीत : आप हैं लाला छदामी लाल—हमारे पड़ोसी। और लाला जी, यह हैं हमारे दोस्त—धीर शंकर।...आप सोच क्या रहे हैं? तशरीफ़ रखिए।

छदामी : **(अचानक)** मैं कहता हूँ...एकदम बेहया है।

रंजीत : **(हँसकर)** ख़ैरियत तो है। कौन बेहया है?

छदामी : वही!

रंजीत : आख़िर कौन?

छदामी : हमारी घरवाली!

रंजीत : ओह! अच्छा बैठ तो जाइए। **(छदामी लाल बैठता है)** हाँ, अब बताइए, क्या बात है?

छदामी : क्या बताएँ! उसने हमारी जिन्दगी दूभर कर दी है। तिरिया चरित्तर दिखाती है।

रंजीत : तिरिया है तो तिरिया चरित्तर तो दिखाएगी ही! क्या हुआ?

छदामी : कुछ न पूछो रंजीत बाबू! मेरा खून खौल रहा है।

रंजीत : बताइए तो क्या हुआ? **(छदामी धीर की ओर देखता है)** ये मेरे दोस्त बिल्कुल मेरे सगे भाई की तरह हैं। इनके आगे आप बेखटके कहिए।

छदामी : अब तुम्हीं बताओ रंजीत बाबू, कुलच्छिनी के पास तीन-तीन सौतों की जमा-जथा है, कपड़े-लत्ते, गहना-कंगना है। चौथी होने की वजह से मैंने भी तीनों से ज़्यादा इसको दिया है। बाबूजी, आधे सेर सोने की तगड़ी दो महीने पहले बनवा के दी है। आधा सेर सोना कम होता है?

रंजीत : नहीं।

छदामी : तुम भी तो बताओ धीर बाबू! आधा सेर सोना कम होता है?

धीर : इतना सोना तो मैंने आज तक नहीं देखा।

छदामी : अब बताओ, इस पर भी उसके नखरे कम नहीं। लगाएँ दो हाथ तो ठीक हो जाए। कहती है, सौतों की साड़ी पुराने फैसन की हैं। नई साड़ी चाहिए। यह लो, अब नई साड़ी लाओ।

धीर : तो फिर आप लाए नई साड़ी?

छदामी : पहली-दूसरी होती तो झोंटा पकड़कर कहता—जो है वही पहनो, नहीं तो रास्ता नापो अपना! हमसे यह तिकिड़-बिकिड़ नहीं चलेगी। **(हताश स्वर में)** लेकिन यह तो चौथी है। लानी ही पड़ी।

धीर : हाँ, चौथी बीवी का कहना कोई कैसे टाल सकता है।

छदामी : फिर धीर बाबू, एक तो साड़ी लाओ, ऊपर से नाज-नखरे!

यह नहीं, नैलोन वाली लाओ—झिन्नी- झिन्नी जिसके आर-पार दिखाई दे। जाओ मरो। कोई नुमाइस करनी है! झिन्नी साड़ी पहननी है तो पहनो ही क्यों?

रंजीत : अब समझा झगड़े की वजह! आप नाइलोन की साड़ी नहीं लाए?

छदामी : लाया क्यों नहीं! चौथी है; लानी ही पड़ी।

धीर : तब क्या हुआ?

छदामी : पहले बोली थी नीली नैलोन वाली जैसी सर्माइन के पास है। ले आया भाई। फिर बोली, पीली नैलोन वाली जैसी वर्माइन के पास है। वह भी ले आया। तब बोली काली नैलोन वाली जैसी ललाइन के पास है...

रंजीत : **(अटकल लगाते हुए)** वह नहीं लाए आप? बस इसी पर झगड़ा...

छदामी : वह भी ले आया। लाता कैसे नहीं? चौथी जो है।

धीर : तब?

छदामी : फिर बोली—फूलों छाप वाली नैलोन।

रंजीत : उसे भी ले आए आप?

छदामी : नहीं।

रंजीत : नहीं क्यों? चौथी के लिए भी नहीं?

छदामी : हम भी तो आदमी हैं। हमारे भी तो दिल है। बीवियों के लिए तो हमेसा ही लाए, कभी अपने लिए भी तो कुछ करना चाहिए।

रंजीत : बेशक!

छदामी : गया था चौथी के लिए फूलों छाप वाली नैलोन लेने, लेकिन वहाँ दुसाले पर मन फिसल गगा।

रंजीत : बस, इसी का झगड़ा है।

छदामी : झगड़ा! रंजीत बाबू, इसे तुम झगड़ा कहते हो? अरे झगड़ा नहीं, कम्बख्त ने तो महाभारत मचा दी है। बोली, घर में घुसने नहीं दूँगी। अब बताओ, मैं बाहर खड़ा और अपने ही घर में न घुस पाऊँ!

धीर : उसे कहने देते। आप घर में घुस जाते।

छदामी : आपने कह दिया और मैं घर में घुस गया! कैसे घुस जाता?

वह तो साच्छात् चंडी-सी दरवाजे पर बेलन लिये खड़ी थी।

रंजीत : फिर आप घर में नहीं जा पाए?

छदामी : गया।

रंजीत : कैसे?

छदामी : घर के भीतर बिल्ली ने छीके पर से हंडिया गिराई। वह बिल्ली भगाने अन्दर गई। **(अपनी चतुरता पर प्रसन्न होकर)** बस, उसके दरवाजे पर से हटते ही मैं घर में घुस गया।

धीर : तब?

छदामी : **(शिकायत के स्वर में)** दिन-भर का थका-माँदा, न उसने पानी को पूछा, न पत्ते को। मैंने कहा—भलीमानस ज़रा चाय तो बना दे, तो हरामजादी बोली—चाय नहीं है। बताइए साहब, मेरी बिल्ली मुझी को म्याऊँ। मैं कमा-कमा के मर जाऊँ और मेरे लिए ही चाय खत्म। साहब, मैं बड़ा ख़राब आदमी हूँ। आजकल के लौंडों जैसा नहीं हूँ। जोरू को पैर की जूती समझता हूँ। मारे हन्टरों के खाल उधेड़ दूँगा! मुझे क्या समझा है उसने? हाँ!!

धीर : **(परिहास में)** आप आदमी ज़ोरदार हैं!

रंजीत : यह पुराने लोग ही तो आजकल पतियों की शान का झंडा ऊँचा किए हैं। **(छदामी लाल से)** हाँ तो लाला जी, जब उसने चाय नहीं दी तो आपने क्या कहा?

छदामी : बस इसमें तकरार बढ़ गई। मैंने उससे कहा-तुम मेरी लौंडी के बराबर हो। मैं तुमसे बिल्कुल नहीं डरता। और इतना डाँटा कि जिन्दगी-भर याद रखेगी।

धीर : उसने जवाब नहीं दिया?

छदामी : वह जवाब देगी! भला उसकी इतनी हिम्मत! मैं तीन-तीन को गंगा के घाट उतार चुका हूँ। जिस साल मैं दूसरी को घर लाया था, उस साल तो वह पैदा हुई थी। कल की बच्ची है मेरे सामने।

धीर : तो वह चुपचाप आपकी डाँट सुनती रही?

छदामी : बिल्कुल! **(कुछ देर रुककर)** मगर धीर बाबू, बड़ी बेसरम है। जब तक मैं डाँटता रहा, चुपचाप सुनती रही। जब मैं डाँट चुका तो बोली—जब तक तुम फूलों छाप वाली साड़ी नहीं

लाते, घर में नहीं रह सकते। और उसकी हिम्मत तो देखिए, मेरी बाँह पकड़कर मुझे घर के बाहर खड़ा कर गई! और अन्दर से दरवाजा बन्द कर लिया। बेहया की हिम्मत तो देखें, मुझे मेरे ही घर से बाहर निकाल गई! अब बताइए, मैं कहाँ जाता?

रंजीत : **(व्यंग्य से)** क्योंकि आपको मेरा दरवाजा खुला दिखाई पड़ा, इसलिए आप यहाँ चले आए।

छदामी : बताइए, मैं क्या करता? मगर रंजीत बाबू, मैं बहुत बुरा आदमी हूँ। उसकी हरकत का मजा चखा के ही रहूँगा। आजकल के लौंडों की तरह नहीं हूँ जो बीवी से डर जाऊँ! मैं मर्द हूँ!

धीर : क्या मर्दानगी है आपकी! बीवी घर से बाहर निकाल गई, और आप निकल आए!

छदामी : **(अपनी ही धुन में)** मैं उसकी नाक पर वह घूँसा मारूँगा कि पिच्च से खून निकल पड़ेगा। जो सफेद-सफेद दाँत हैं न, इनकी पूरी बत्तीसी मुँह से बाहर आ जाएगी। उसकी जबान कैंची से काटकर कव्वों को खिला दूँगा। उसके फूले-फूले गालों पर वह थप्पड़ लगाऊँगा कि उन पर पाँचों उँगलियाँ उभर आएँगी! **(प्रसन्न होकर)** कोई भी दूर से देखकर बता देगा–पड़ा है लाला छदामी लाल के पंजे का निसान! हाँ!!

रंजीत : लाला जी ने तो अपने ख़यालों में चौथी की अच्छी-ख़ासी मरम्मत कर दी!

धीर : **(तिरस्कार में)** बस ख़्यालों ही ख़्यालों में!

छदामी : मैं मर्द हूँ मर्द! बीवी के आगे झुक नहीं सकता।

धीर : अरे लाला जी, तुम्हें कैसे समझाएँ! बीवी के आगे हार मानने में ही कल्याण है।

छदामी : धीर बाबू, यह जनानी बातें आजकल के नौजवानों को बताओ। मैंने असली घी खाया है! रुपये के पच्चीस सेर का गेहूँ खाया है!

रंजीत : लाला जी, ज़रा जोश क़म करिए, दिमाग़ ज़रा ठंडा कीजिए। आजकल के नौजवान न तो बीवी के बेलन के डर से घर के बाहर खड़े रहते हैं, और न घर से निकाले जाते हैं।

धीर : अब ज़माना बदल गया है।

छदामी : (चिढ़कर) ज़माना बदला है तो क्या?

रंजीत : अब बीवी के कहे पर चलने ही में ख़ैर है।

छदामी : लेकिन मैं तो नहीं बदला!

रंजीत : आप नहीं बदले लेकिन आपकी बीवी तो बदल गई! यह पहली नहीं है लाला जी, चौथी है, चौथी! नये ज़माने की नई। बदली बीवी के साथ चलना है तो आपको भी बदलना पड़ेगा।

छदामी : **(उलाहने से)** तो मैं साहब बहादुर बन जाऊँ! गले में फाँसी-सी टाई लटका लूँ! हवादार धोती की जगह जेलखाने-सा पतलून पहन लूँ, और बगल में चौथी को दबाये बाजार-हाट घूमता फिरूँ और कहूँ—**(नकल बनाते हुए)** माई डार्लिंग!

धीर : इतना न बदल सकें, तो कम-से-कम उसे बुरा-भला तो न कहें! गाली-गलौज तो न करें!

छदामी : सुनो रंजीत बाबू, अपने दोस्त की! मुझे उपदेस देते हैं। अरे साहब, यह औरत की जात! इसे हफ्ते-दस दिन में जब तक एक बार रुई की तरह धुन न दो, तब तक यह समझेगी ही नहीं कि इसका मरद इसे चाहता है।

धीर : **(चिढ़कर)** तो चौथी भी कभी दो-एक बेलन चलाकर आपका सिर फोड़ दे, तो उसे आप उसका प्यार ही समझिएगा।

रंजीत : अरे हटाओ इसे! यह सब तो दूर की बातें हैं। इस वक़्त की सोचो-लाला जी अपने घर में कैसे जाएँ?

धीर : साफ़ बात है। लाला जी फूलों छाप वाली साड़ी लाएँ, और अपनी बीवी से माफ़ी माँगें।

छदामी : मैं मरद होकर माफ़ी माँगू—जनानी जात से?

रंजीत : लाला जी, अपनी बीवी से माफ़ी माँगने में कोई बुराई नहीं। दुनिया का हर बड़ा आदमी अपनी बीवी के आगे छोटा बनकर ही बड़ा आदमी बन सका है।

धीर : लाला जी, अक़्लमंदी इसी में है कि साड़ी ख़रीदकर ले जाइए। इसके अलावा कोई चारा नहीं।

छदामी : **(बिगड़कर)** उसके लिए साड़ी ख़रीदेगी मेरी जूती! मैं मरद हूँ, मरद! मैं ऐसी बातें सुनने यहाँ नहीं बैठ सकता! –
(तेज़ कदमों से बाहर प्रस्थान)

धीर : बाप रे बाप! बड़ी गर्मी है।

रंजीत : **(हँसकर)** पुराने चावल हैं!

धीर : बस, ज़बान के शेर हैं!

रंजीत : आजकल का आदमी तो ज़बान भी नहीं खोल सकता।

धीर : लेकिन पीठ के पीछे ही। सामने लाला जी बोलें, तो चौथी उनका क़ीमा बना दे!

छदामी : **(बाहर से प्रवेश करके)** आपसे एक ज़रूरी सवाल पूछना है।

रंजीत : सवाल? अच्छा-अच्छा, तशरीफ़ रखिए। फिर सवाल पूछिएगा।

छदामी : क्या आदमी को किसी का बिस्वास करना चाहिए?

रंजीत : छदामी लाल जी, आपको यह फ़लसफ़े का शौक़ कब से हो गया?

छदामी : आप भी सोचिए धीर बाबू! क्या आदमी को किसी का बिस्वास करना चाहिए?

धीर : बेशक! यह दुनिया तो विश्वास पर ही चलती है।

छदामी : गलत! एकदम गलत!

रंजीत : सबका नहीं, आदमी देखकर विश्वास करना चाहिए। कुछ लोग एतबार के क़ाबिल होते हैं और कुछ लोग नहीं।

छदामी : आप भी गलत! यही तो बचपन है आप लोगों का! **(समझाते हुए)** इस दुनिया में किसी का भी बिस्वास नहीं करना चाहिए।

धीर : किसी का भी नहीं?

छदामी : किसी का भी नहीं। **(रंजीत से)** मैं पूछता हूँ रंजीत बाबू, आप मेरा बिस्वास करेंगे?

रंजीत : मैं तो आपका विश्वास कर लूँगा!

छदामी : गलत! आपको मेरा भी बिस्वास नहीं करना चाहिए। आदमी की नीयत का क्या ठीक! कब डाँवाँडोल हो जाए! क्यों, ठीक कहा न धीर बाबू?

धीर : **(अनिश्चित-सा)** जी...

छदामी : रंजीत बाबू, यह रही मेरी सोने की अँगूठी! इसे आप रख लीजिए।

रंजीत : इसका मैं क्या करूँगा?

छदामी : **(जोर देकर)** मैं कहता हूँ इसे आप रख लीजिए। इसमें असली पुखराज लगा है। ऐसा पुखराज आजकल नहीं मिलता।

रंजीत : लेकिन क्यों?

छदामी : रख भी लीजिए और चार हजार रुपये दे दीजिए।

रंजीत : चार हज़ार रुपये?

छदामी : क्या करूँ, मेरा बटुआ तो घर में ही छूट गया है। वह निगोड़ी बिना साड़ी के घर में नहीं घुसने देगी।

धीर : **(एकदम हँसकर)** तो साड़ी के लिए रुपये चाहिए! दे दो रंजीत! चलो, लाला जी के समझ तो आई।

रंजीत : **(रुपये निकालकर देते हुए)** यह लीजिए लाला जी! **(अँगूठी लेकर पर्स में रखता है।)**

छदामी : आपका भला हो रंजीत बाबू! बात यह है कि चौथी को मायके में तो कभी दोनों वक़्त भरपेट खाने को मिला नहीं, इसलिए बड़ी लिलही है। सोचता हूँ—मैं नहीं लाऊँगा तो कौन लाएगा, बेचारी के लिए! इसलिए तरस खाकर ले ही जाऊँगा। अच्छा अब चलूँ। **(उठता है, लेकिन उठने पर कमर में दर्द होता है।)** आह!

धीर : क्या हुआ?

रंजीत : आपको उठने में तकलीफ़ होती है?

छदामी : कुछ नहीं है...कुछ नहीं है।

रंजीत : क्या कमर में दर्द है?

छदामी : **(एकदम सफाई में)** उसने मुझे नहीं मारा। नहीं-नहीं, उसने मुझे नहीं मारा।

रंजीत : जी?

छदामी : आप लोग यह न सोचिएगा कि उसने मुझे बेलन से मारा।

रंजीत : **(हँसी दबाते हुए)** हम लोग कहाँ सोचते हैं?

छदामी : उसने मुझे नहीं मारा। यह तो...यह तो मैं गिर गया था। ठोकर लग जाने से गिर गया था, उसी से कमर में मोच आ गई। उसने मुझे बेलन नहीं मारा। आप लोग मेरा भरोसा कीजिए।

धीर : हम लोग आपका भरोसा करते हैं।

छदामी : अगर वह मुझे मारे तो मैं उसकी जान ही ले लूँ। मैं बड़ा ख़राब आदमी हूँ। बीवी को लौंडी समझता हूँ। मैं मरद हूँ मरद! आह! **(बाहर प्रस्थान)**

(रंजीत और धीर खुलकर हँसते हैं।)

रंजीत : **(हँसते हुए)** चले गए जबान के शेर!

धीर : यह मरद हैं! **(नकल करते हुए)** आह! आप लोग यह न समझिएगा कि उसने मुझे बेलन से मारा।

रंजीत : चोर की दाढ़ी में तिनका!

हरीश : **(बाहर से प्रवेश करके)** किसकी दाढ़ी में तिनका?

रंजीत : आओ, आओ हरीश!

हरीश : किसके बारे में बातचीत हो रही है? किसकी दाढ़ी में तिनका है?

रंजीत : एक हैं लाला छदामी लाल! उनकी बीवी ने...

धीर : **(टोकते हुए)** उनकी चौथी बीवी ने...

रंजीत : हाँ-हाँ, लाला जी को उनकी चौथी बीवी ने मारा क्योंकि वह उसके लिए साड़ी ख़रीदकर नहीं ले गए।

हरीश : बेचारे!

रंजीत : उठने पर कमर की चोट से जब कराह उठे, तो अपने आप ही सफ़ाई में बोल पड़े—बीवी ने बेलन से नहीं मारा है!

धीर : अरे रंजीत, हरीश तो शहर के बड़े ज्वेलर्स हैं! इन्हें दिखाओ न वह सोने की अँगूठी!

रंजीत : हाँ, हाँ। हरीश, लाला जी यह सोने की अँगूठी देकर मुझसे चार हज़ार रुपये ले गए हैं।

धीर : चार हज़ार रुपये से लाला जी साड़ी ख़रीदकर लाएँगे, तब कहीं बेचारे अपने घर में घुस पाएँगे।

हरीश : **(अँगूठी देखकर)** यह अँगूठी तो सोने की नहीं है।

रंजीत : क्या??

हरीश : यह तो एकदम पीतल की है।

रंजीत : पीतल की? और यह नग?

हरीश : यह मामूली काँच का टुकड़ा है।

रंजीत : हे भगवान्! वह तो कहता था, असली पुखराज है!

धीर : **(हँसकर)** लगा गए चूना लाला जी! उनमें गुणों की कमी नहीं। असली पुराने चावल हैं!!

(यवनिका)

बिन घरनी घर भूत का डेरा

पात्र

अखिल : 26 वर्षीय नवयुवक।

महेश
स्वराज } अखिल के सम-वयस्क मित्र।
गोविन्द

बराती : अखिल का नौकर। आयु लगभग 50 वर्ष।

जगदम्बा प्रसाद : सुसम्पन्न प्रौढ़। अखिल के भावी ससुर।

समय : सायंकाल।

स्थान : अखिल का कमरा।

पर्दा खुलने पर एक साधारण मध्यवर्गीय कमरा दिखलाई पड़ता है जिसमें तीन दरवाजे हैं। दाहिना दरवाजा गुसलखाने में खुलता है। पीछे का दरवाजा घर के अंदर कमरों में तथा बायाँ दरवाजा घर के बाहर। कमरे की साजसज्जा अविवाहितों के कमरे जैसी अर्थात् कमरे का सब सामान अस्त-व्यस्त एवं बिखरा है। चप्पल खूँटी पर टँगी है; सूट, कोट आदि कुर्सियों पर पड़े हैं; एक कोने में कमीज पड़ी है; रेडियो के ऊपर चादर और उस पर चाय के बर्तन रखे हैं।

(अखिल का प्रवेश—बायें द्वारा से! अखिल सूट पहने हुए अपटूडेट किस्म का नवयुवक है।)

अखिल : **(इधर-उधर देखकर पुकारता हुआ)** बराती! बराती! न जाने कहाँ चला गया कम्बख़्त! काम के समय ज़रूर ग़ायब हो जाता है, और दरवाज़ा भी खुला छोड़ गया। जानता है घर में कोई नहीं है, फिर भी अकेला खुला छोड़ गया है। ज़रूर पड़ोस में नौकरों के साथ बैठकर चिलम पी रहा होगा। इन

कम्बख़्तों की तो कॉनफ़्रेन्स होती है। **(बायें द्वार पर बाहर जाकर पुकारते हुए)**–बराती! बराती...!

बराती : **(नैपथ्य में)** आइन सरकार–आइन!

(थोड़ी देर बाद अखिल और उसके पीछे बराती का प्रवेश)

अखिल : मैं पूछता हूँ कहाँ चले गए थे? फिर वही हरखू और बनवारी के पास, तम्बाकू पीने-?

बराती : **(मिठुआते हुए)** नहीं सरकार।

अखिल : तब कहाँ गए थे? **(बराती चुप रहता है)** बोलते क्यों नहीं? चुप क्यों हो? कहाँ गए थे?

बराती : **(झेंपते हुए)** कहीं नहीं...

अखिल : कहीं तो ज़रूर गए थे; इस समय कहाँ से आ रहे हो?

बराती : वहीं से। उन्हीं लोगन से कुछ बात करै को रही।

अखिल : वही लोग कौन? हरखू और बनवारी?

बराती : हाँ।

अखिल : फिर क्यों कहते हो कि उन लोगों के पास नहीं गए थे?

बराती : अब का कही सरकार।

अखिल : क्या बात करनी थी? वही अपनी शादी के बारे में?

बाराती : **(चापलूसी के स्वर में)** सरकार!

अखिल : तुम्हारी उमर कितनी है?

बराती : पचास पार हुई।

अखिल : कितने लड़के हैं?

बराती : दो।

अखिल : उनकी शादी हो गई?

बराती : हाँ।

अखिल : और लड़कियाँ?

बराती : तीन

अखिल : तीनों की शादी हो गई?

बराती : हाँ।

अखिल : और नाती-पोते?

बराती : कुल मिलाय के चौदह।

अखिल : दो लड़के, तीन लड़कियाँ, चौदह नाती-पोते। फिर भी शादी करने के लिए पागल हुए घूमते हो! देखो, मैंने अभी तक शादी

नहीं की। 26 साल का हो गया हूँ, और अभी कम-से-कम चार साल और शादी करने का इरादा नहीं...

बराती : **(बात काटते हुए अधिकार के शब्दों में)** हमारी मानों तो तुम्हें ब्याह कर लेने को चाही सरकार!

अखिल : **(चिढ़कर)** अच्छा जी! तो आप हमें सलाह दे रहे हैं?

बराती : बिना ब्याह के घर मनहूस लागत है।

अखिल : **(व्यंग्य से)** और इसीलिए तुम शायद शादी करने के लिए हाथ धोकर पीछे पड़े हो!

बराती : का कही सरकार! घर पर मन नहीं लागत। घर पर खेत हैं-जानवर हैं—तबहूँ गाँव छोड़-छाड़ के यहाँ सहर में पड़ा हैं। घर जात हैं तो जैसे काटे को दौड़त है। सूना-सूना लागत है।

अखिल : बेटे और पोते तो हैं। फिर क्यों सूना लगता है?

बराती : घरवाली की बात और ही हय सरकार! अब ईं तू का जानौ?

अखिल : **(व्यंग्य से)** हाँ, मैं क्यों जानूँगा! तुम ज़्यादा जानते हो। **(स्वर बदलकर)** अच्छा यह बताओ, चाय तैयार है?

बराती : चाय तो तैयार है। मगर अब ठंडी हो गई है। रोज़ तो तुम चार-साढ़े चार बजे आत रहे, आज इतनी देर से आए हो—अब छः पौने छः हुआ चाही।

अखिल : **(चौंककर घड़ी देते हुए)** उफ़! इतनी देर हो गई और मैं यहाँ खड़ा बातें कर रहा हूँ! रावत और मिसेज रावत मेरा इन्तज़ार कर रहे होंगे सिनेमा चलने को। देखो बराती, ज़रा जल्दी से गरम-गरम एक कप चाय लाओ। और देखो, ज़रा जूते पर पालिश भी कर देना। मैं तब तक कपड़े बदलता हूँ।

बराती : अच्छा सरकार! **(पीछे के द्वार से प्रस्थान)**

(अखिल कोट, टाई और कमीज उतारकर, केवल पैन्ट और बनियान पहने, दाहिने द्वार से अन्दर जाता है। भीतर नल चलने की आवाज और अखिल के बेसुरे गले से गाने की आवाज आती है। किन्तु शीघ्र ही अखिल दायें द्वार से मंच पर आता है। उसके हाथ कुहनियों तक भीगे हैं।)

अखिल : **(पुकारते हुए)** बराती! बराती!

बाराती : **(पीछे के द्वार से प्रवेश करके)** का हुआ?

अखिल : बाथरूम का साबुन कहाँ गया?

बराती : वहीं हुइये?

अखिल : वहाँ नहीं है!

बराती : वहाँ नहीं है तब हम का जानी?

अखिल : **(बिगड़कर)** तुम नहीं जानोगे तो क्या मैं जानूँगा? अखिरकार तुम करते क्या हो? जब कोई चीज़ माँगो तब नहीं है। साबुन कहाँ चला गया?

बराती : अब हम का जानी? साबुन वहीं धरा रहा, सो वहीं होय को चाही। कहत हो नाहीं है, तो नहीं हुइये। वहीं तो हम रखा रहे।

अखिल : तुमने वहीं रखा था तो क्या दीवारें खा गईं?

बराती : **(सोचकर)** होई सकत है। राजा नल का नौलखा हार खूँटी निगल गई रहै।

अखिल : **(झुँझलाकर)** अच्छा-अच्छा, बन्द करो यह बकवास! बिना साबुन के ही मैं मुँह-हाथ धो लूँगा। तुम चाय जल्दी से बनाकर लाओ। **(दायें द्वारा से प्रस्थान)**

(बराती भी पीछे के द्वार से अन्दर जाता है। थोड़ी देर बाद दायें द्वार से अखिल का प्रवेश। वह कमरे में इधर-उधर तौलिया ढूँढ़ता है।)

अखिल : **(पुकारते हुए)** बराती! बराती!

बराती : **(नेपथ्य में)** आइन सरकार! **(प्रवेश करके)** का है सरकार?

अखिल : इतनी देर से ढूँढ रहा हूँ, यहाँ कोई तौलिया दिखाई ही नहीं देती!

बराती : यहीं तो रही सरकार!

अखिल : यहाँ तो कहीं नहीं है।

बराती : **(निश्वास से)** है सरकार! **(कमरे में इधर-उधर ढूँढ़ते हुए)** यहीं होन को चाही। न जाने कहाँ बिलाय गई!

अखिल : जल्दी करो, मुझे सिनेमा को देर हो रही है।

बराती : सरकार आपहू ढुँढ़ाय लेओ। जल्दी हय!

अखिल : **(ढूँढ़ते हुए)** तौलिया!...तौलिया! न जाने कहां ग़ायब हो गयी!

बराती : तौलिया नाहीं मिलत तो धोती से हाथ-मुँह पोंछ लेओ। **(धोती उठाकर आगे बढ़ाता है)**

अखिल : **(विवश स्वर में)** धोती ही लाओ। **(बराती से धोती लेकर मुँह पोंछता है)** तुम जल्दी से चाय लाओ।

बराती : बस अब्बै लाइत है, एक मिनट में। **(प्रस्थान पीछे)**

(अखिल बक्स से कमीज निकालकर पहनता है तथा बाल काढ़ता है। बराती का चाय का प्याला लिये पीछे से प्रवेश)

बराती : लेओ, चाय तैयार होय गई। **(चाय का प्याला अखिल को देकर बायें द्वार की बढ़ता है)**

अखिल : **(एक घूँट पीकर)** तुम कहाँ जा रहे हो? देखो चाय में...

बराती : **(काटते हुए)** चीनी नहीं है? वही तो लैन जात रहिन सरकार! अब्बै आइत है।

अखिल : अब जाओगे बाजार से शक्कर लेने! अब तक क्या सो रहे थे? तुम्हारी तो वही हालत है कि जब प्यास लगी, तब कुआँ खोदने चले। रहने दो, मुझे चाय नहीं पीनी है। सिनेमा को देर हो जाएगी। **(रुककर)** देखो कहीं सेफ़्टी-पिन हो तो दे दो। इस कमीज़ में बटन ही नहीं है।

बराती : सरकार सैफ्टीपिन नहीं, मुला आलपिन है। कहो तो उसे ही लगाय देई?

अखिल : आलपिन! अरे न बाबा, कहीं वह सीने में न घुस जाए।

बराती : घबराया जिन! हम बड़ी होसियारी से लगा देबै।

अखिल : अच्छा, बटन नहीं, तो आलपिन ही सही।

बराती : **(आलपिन लगाते हुए)** घर की हालत तो यह हुइए ही। न तौलिया, न साबुन, न बटन, न कमीज, न सूट—अब ई सब काम तो मेहररूअन के हय, हम कैसे करें। बस इसका सिर्फ एक इलाज है—तू ब्याह करके घरवाली ले आओ...

अखिल : **(चीखकर)** अरे बाप रे बाप! बेवकूफ, ऑलपिन चुभा दिया। मुझे नहीं लगवाना ऑलपिन! कमीज़ में बटन नहीं तो न सही। बड़ी सलाह देने चले हैं। ब्याह करके घरवाली ले आओ...

(बाहर दरवाजे पर खटखटाहट की आवाज)

अखिल : देख तो बराती, बाहर कौन आया है?

बराती : अच्छा सरकार! **(बायें द्वार से प्रस्थान)**

(थोड़ी देर बाद बराती बाहर से लिफाफा लिये वापिस लौटता

है।)

बराती : **(बायें द्वार से प्रवेश)** सरकार डाकिया रहा। यह लिफाफा दे गया है।

अखिल : लाओ। **(लिफाफा खोलता है)**

बराती : **(उत्सुकता से)** किस की चिट्ठी है सरकार?

अखिल : बाबूजी की।

बराती : ख़ैरियत तो है सरकार?

अखिल : **(पढ़ते हुए)** हूँ, बाबूजी लिखते हैं कि उन्होंने मेरी शादी रायबहादुर बाबू जगदम्बा प्रसाद की लड़की से क़रीब-क़रीब तय कर दी है। माँ ने लड़की देख ली है, सुन्दर है। उन्हें उम्मीद है कि मुझे शादी मंजूर होगी। उन्होंने मेरी रज़ामन्दी माँगी है।

बराती : **(एकदम खुशश होकर)** सादी! बियाह!! सच सरकार!!!

अखिल : हाँ, आज-कल में ससुर जी मुझसे मिलने यहीं आने वाले हैं। **(उपेक्षा से)** उँह! अरे तू कहाँ चला रे?

बराती : **(बराती बायें द्वार के पास से)** ही-ही-ही सरकार, आपके बियाह की खबर मोहल्ले वालों को बताने।

अखिल : **(बिगड़कर)** ए बेवकूफ़, यह बात अपने ही तक रख! इधर-उधर गाने की ज़रूरत नहीं।

बराती : **(आश्चर्य से)** का कहिते हो सरकार? फिर आपके ससुर जी भी तो आपको देखे आय रहे हैं। हाय सरकार, बड़े भाग से आते हैं ससुर जी देखने! हमारी मानौ तो अब तू नाहीं न करौ। सीधे से राजी हो जाओ। फिर तो बाबू, घर के बाहर सहनाइयाँ, और घर के भीतर चूड़ियों की खनक, पायल की झनक!

अखिल : अच्छा चुप रह! **(दरवाजे पर दस्तक की आवाज)** देख तो, कौन खटखटा रहा है? कोई आया है।

बराती : **(मगन होकर)** लगता है आय गए ससुर जी!

(बायें द्वार से महेश का प्रवेश)

महेश : **(प्रवेश करके)** ससुर! यह क्या बदतमीज़ी है?

अखिल : **(झेंपकर)** अरे यार, यह तुम हो महेश!

महेश : हाँ-हाँ, मैं हूँ। माना कि मेरी शादी के तीन साल में चार

लड़कियाँ हैं, मगर वह तो अभी छोटी हैं। अभी से कैसे मैं ससुर हो गया?

बराती : बात ई है सरकार, कि अब्बै बाबू जी के पिता की चिट्ठी आई रही। सो ऊमें लिखा रहा कि बाबू जी कै ससुर देखै आय रहे हैं। सो वही ससुर जी हम आपको समझे। यह देखो उनकी चिट्ठी। (पत्र देता है।)

महेश : **(पढ़कर)** राय बहादुर जगदम्बा प्रसाद! ओह, यह बात है! मैं तो घबरा गया था। अरे अखिल, खिलाओ मिठाई! ऐसे मौक़े जिन्दगी में बार-बार तो आते नहीं। लुटा दो जो कुछ है! ऐसे मौक़ों पर पहले बादशाह और नवाब अपना ख़ज़ाना ख़ाली कर देते थे।

अखिल : माफ़ कीजिए, न तो मैं बादाह हूँ और न नवाब।

महेश : बादशाह नवाब नहीं हो, तो भी मुँह तो मीठा कराओ ही। यह खुशी का मौक़ा...

अखिल : मुझे शादी नहीं करनी है।

महेश : कंजूस कहीं का! **(रुककर)** अरे, मिठाई नहीं खिलाना चाहते हो तो झूठ क्यों बोलते हो? अरे प्यारे, शादी वह जाल है जिसमें सब क्वाँरे फँसना चाहते हैं, और सब विवाहित निकलना चाहते हैं। मगर कौन इससे बच सका है? अच्छा चल, तू भी क्या कहेगा, किसी रईस से पाला पड़ा है। मैं ही तेरा मुँह मीठा कराता हूँ। **(पुकारते हुए)** बराती, यह लो सौ रुपये और बढ़िया-सी रस-मलाई पास वाली दुकान से ले आओ।

बराती : अभी लीजिए सरकार-लेकिन सरकार चाय के लिए सक्कर भी खतम हो गई है।

महेश : अच्छा-अच्छा, यह सौ रुपये और लो।

बराती : लाए सरकार! अभी दो मिल्ट में आया। **(प्रस्थान बायें द्वार से)**

अखिल : आज तो एकदम दरिया-दिल हो गए हो! क्या बात है महेश साहब?

महेश : मैंने सोचा, दोस्त के लिए कुछ ख़र्च ही कर दूँ। यह मौक़ा बार-बार तो आएगा नहीं।

अखिल : धन्य भाग मेरे! यह पहला मौक़ा है जब तुमने कुछ ख़र्च किया, वरना तो यही रोना रोया करते हो कि ख़र्चा नहीं

चलता, चार-चार लड़कियाँ हैं—बुरा हो इस शादी का, गृहस्थी का बोझ बुरी तरह सर पर बैठ गया है।

महेश : ग़लत तो नहीं कहता! नाई-नाई बाल सामने ही आएँगे। जब तुम्हारी शादी हो जाएगी और तुम्हारे भी तीन साल में चार लड़कियाँ हो जाएँगी...

अखिल : **(काटते हुए)** भगवान के लिए अपनी यह दुआएँ अपने पास ही रखो।

महेश : लगे न चौंकने अभी से! अरे मियाँ, शादी के पहले सभी चौंकते हैं, मगर उसका चक्कर ही ऐसा होता है कि बड़े-बड़े अफलातूँ भी उसमें आ जाते हैं! भूल गए राग रंग, भूल गए चौकड़ी; तीन चीज़ याद रहीं नोन, तेल, लकड़ी! और जनाब इसके पहले कि आँखें खुलें, घर में तीन-चार साहबज़ादे अम्मा-बाबू पुकारने लगते हैं—जी हाँ, क्या समझे?

अखिल : देखो भाई महेश, अब अपना यह लेक्चर बन्द करो। मिस्टर रावत और उनकी मिसेज सिनेमा जाने के लिए मेरी प्रतीक्षा कर रहे होंगे। तुम चाय पियो—मुझे इजाज़त दो—मुझे जल्दी है।

महेश : यह कैसे हो सकता है? तुम्हारे बिना ऐसे खुशी के मौक़े पर मैं अकेले चाय पिऊँ?

(गोविन्द और स्वराज का बायें द्वार से प्रवेश)

गोविन्द : अरे भाई कैसा खुशी का मौक़ा है? हम भी तो जानें?

महेश : अरे आओ गोविन्द? ओह स्वराज, तुम भी हो! आओ-आओ। अखिल की शादी तय हो गई, इसके ससुर आज-कल में इससे मिलने आने वाले हैं। इसी की खुशी में...

गोविन्द : **(काटते हुए)** खुशी? हाँ, आज खुशी तो है ही! कम से कम अखिल को तो खुश होना ही चाहिए। मगर भाई, सच पूछो तो मेरी समझ में नहीं आता कि इसमें खुशी की क्या बात है? अच्छे-भले खेलते-कूदते आदमी के पैरों में बेड़ी पड़ जाए—और तुम कहो खुशी है।

स्वराज : किसी ने कहा है-विवाह वह जनाज़ा है जिसमें मुर्दा बोलता है।

गोविन्द : मुझसे कोई विवाह करने के पहले पूछे-विवाह करूँ या नहीं तो मैं कहूँगा—नहीं। तुम्हें मालूम है स्वराज, यूनिवर्सिटी में

पढ़ाकर लौटने पर मेरे कोट की तलाशी ली जाती है। एक-एक कागज़ देखा जाता है और अक्सर चीज़ें ग़ायब हो जाती हैं। मैं पत्नी से पूछता हूँ कि उन्होंने मेरे कोट की जेबें टटोली हैं, तो क़सम खाकर कहेंगी कि वह कोट के निकट तक ही नहीं गईं। मैं उनकी बात का विश्वास कर लेता हूँ, हालाँकि मैं जानता हूँ कि उन्होंने झूठी क़सम खाई है। क्या करूँ, किसी तरह से घर में शान्ति तो रखनी ही चाहिए।

महेश : और ज़रा मेरी पत्नी की शाहख़र्ची की हालत सुनो। सौ रुपये गज़ के बढ़िया कपड़े को यदि मैं श्रीमती जी को दस रुपये गज़ का बता के दिखाऊँ, और दस रुपये के घटिया कपड़े को सौ रुपये ग़ज का बताऊँ, तो वह घटिया कपड़े को ज़्यादा दाम का देखकर पसन्द कर लेंगी। बस वह तो दाम पर टूटती हैं—दाम पर! अपनी अक़्ल तो है ही नहीं।

स्वराज : अजी औरतों के अक़्ल ही कहाँ होती है। यही नहीं, सारे ख़र्चे ख़ुद ही करती हैं, मगर ताना यही रहेगा कि सारा रुपया तो तुम दोस्तों की चाय-पार्टी ही में फूँक देते हो।

महेश : हमारी बीवियों को हम लोगों के दोस्तों से सौतिया डाह होती है, सौतिया डाह!

अखिल : **(विवशता से)** भले आदमियो! मैं तुम लोगों के हाथ जोड़ता हूँ। बन्द करो यह पत्नी-पुराण! कोई दूसरे काम की बातें करो।

गोविन्द : ओह, हम लोग यह तो भूल ही गए थे कि तुम्हारी शादी तय होने जा रही है। क्या बेमौक़े अपना रोना लेकर बैठ गए। मगर भाई अखिल, एक दिन तो तुम्हें रोना पड़ेगा ही।
(बायें द्वार से बराती का प्रवेश)

बराती : यह लीजिए सरकार, ले आए मिठाई। शक्कर भी आय गई सरकार-दो मिल्ट में चाय। (मिठाई **मेज पर रखकर पीछे के द्वार से प्रस्थान)**

स्वराज : मिठाई? जियो अखिल, जियो! भगवान बार-बार यह दिन दिखाए।

गोविन्द : **(चौंककर)** क्या कह रहे हो स्वराज? बार-बार यह दिन दिखाए।

स्वराज : ओह माफ़ करना। बर्थ-डे की विश विवाह पर कह गया।

(बात बनाकर) मेरा मतलब है कि मुझे बहुत ख़ुशी है।

गोविन्द : मगर यार अखिल, इतनी थोड़ी रसमलाइयों से क्या होगा? कुछ और मँगाओ। आठ रसमलाइयाँ तो मैं अकेले ही खा जाऊँगा, और फिर नमकीन मुँह करने के लिए भी कुछ चाहिए।

महेश : **(शाही लहजे में)** घबराते क्यों हो? **(पुकारते हुए)** बराती!

बराती : **(हाथ में चाय की ट्रे लेकर प्रवेश)** हाँ सरकार!

महेश : चाय यहीं रख दो। देखो, गोविन्द और स्वराज बाबू भी आ गए हैं। पाँच सौ रुपये की मिठाई नमकीन और लेकर आओ। ज़्यादा नहीं होगी, अगर बचे तो वह तुम्हारे काम आ जाएगी। हाँ, जल्दी आना!

बराती : अभी लेओ सरकार, दो मिल्ट में! कुत्ते की चाल गए और बिल्ली की चाल आए। **(प्रस्थान बाहर)**

अखिल : भाई महेश, तुमने तो सचमुच कमाल कर दिया। आज एकाएक कैसे शाह-ख़र्च हो गए? क्या भाभीजी के बकस की चाबी हाथ लग गई?

महेश : नहीं भाई, यह सब तुम्हारी मेहरबानी है अखिल!

अखिल : मेरी मेहरबानी कैसे?

महेश : अरे पता लग जाएगा थोड़ी देर में। अरे हाँ, यह तो बताओ कि तुम्हारी भावी पत्नी पढ़ी कहाँ तक है?

अखिल : ख़ुदा जाने कहाँ तक पढ़ी है!

गोविन्द : कुछ भी पढ़ी हों-मगर मेरी मानों अखिल, एम.एस-सी. पास लड़की से कभी शादी न करना। साइन्स पढ़कर लड़कियाँ एकदम नीरस हो जाती हैं। मेरी सलाह मानो तो किसी हिन्दी में एम.ए. पास लड़की से शादी करना।

महेश : न बाबा न! एम.ए. हिन्दी लड़की से शादी तो कभी न करना! मैं तो पछता ही रहा हूँ। मैं नहीं चाहता कि कोई दूसरा बिचारा एम.ए. हिन्दी लड़की पर बलि चढ़े। एम.एस.सी. लड़की फिर भी अच्छी है गोविन्द! तुम्हारी पत्नी क्या बुरी है? मगर हिन्दी में एम.ए.? तौबा! तौबा! भगवान बचाए ऐसी लड़की से!

गोविन्द : नहीं महेश, हिन्दी में एम.ए. लड़की एम.एस-सी. पास से तो कहीं अच्छी होगी! वह सरस तो होगी! मानव मन की कोमल

अनुभूतियों के लिए उसमें संवेदनाएँ तो होंगी!

महेश : अरें बस करो यार, यह ऊँची-ऊँची बातें! यही तो ले डूबती हैं। एक तो वैसे ही सब लड़कियाँ जन्म से कवयित्री होती हैं, फिर अगर कहीं हिन्दी में एम.ए. कर लिया, तो बस हो गई छुट्टी। एक तो करेला और ऊपर से नीम चढ़े। मियाँ जी चूल्हा फूँक रहे हैं और देवीजी कविता बना रही हैं।

अखिल : अरे यार, फिर तुम्हारा रिकार्ड चालू! मुझे जाने दो। मिस्टर रावत और मिसेज रावत मेरा इन्तज़ार कर रहे होंगे। मैं तो चलता हूँ...

गोविन्द : नहीं, जब तक हम लोग चाय न पी लें, तुम नहीं जा सकते। समझे।

महेश : मेरे विचार से अगर शादी ही करनी है तो स्वराज की तरह किसी गाँव की बिना पढ़ी-लिखी-काली लड़की से करो। वह पति को परमेश्वर मानकर सेवा तो करेगी! जीवन तो सुखी हो जाएगा! क्यों है न स्वराज?

स्वराज : इस पर मैं न बोलूँ तभी अच्छा।

अखिल : **(विवश रुचि से)** नहीं साहब, आप ज़रूर बोलिए। अपनी राय प्रगट कीजिए।

स्वराज : इसके उत्तर में मैं केवल एक बात कहूँगा। मेरी दाढ़ी देखते हो तुम लोग!

सब : हाँ!

स्वराज : यही है मेरा उत्तर!

अखिल : हम समझे नहीं?

स्वराज : तो सुनो, मैंने इसी विचार से काली और बिना पढ़ी-लिखी लड़की से विवाह किया था कि जीवन तो सुखी होगा। किन्तु सुख तो और कोसों दूर चला गया! मेरी पत्नी को विश्वास ही नहीं होता कि मैं एक काली और अपढ़ लड़की से प्रेम कर सकता हूँ। इसी पर आए दिन झगड़ा होने लगा, और हारकर मैंने उसे विश्वास दिलाने के लिए कि मैं तुम्हारे सिवाय किसी से प्रेम नहीं करता, यह दाढ़ी रखाई है।

गोविन्द : तो यह राज़ है तुम्हारी दाढ़ी का!

स्वराज : हाँ! अखिल तुम एम.ए. हिन्दी से चाहे शादी कर लो...मगर

काली लड़की से कभी न करना।

अखिल : **(रुचि लेते हुए)** तुम लोग भी खूब हो! सब एक-दूसरे की विरोधी बातें कर रहे हो।

महेश : सच तो यह है कि पत्नी एम.एस-सी. भी अच्छी, एम.ए. हिन्दी भी अच्छी और अपढ़ भी अच्छी। जो मिल जाए वही अच्छी।

स्वराज : शेक्सपियर ने कहा है मौत और पत्नी के पीछे सदा ही भाग्य कार्य करता है। इसीलिए बेकार दिमाग़ ख़राब नहीं करना चाहिए।

गोविन्द : और फिर जब एक बार विवाह हो गया, फिर क़िस्से सदा के वही। अगर रात को देर से लौटे तो पत्नी से झगड़ा, सिनेमा नहीं ले गए तो रोना, बाप के घर जाने की धमकी, उनकी पसन्द का कपड़ा न पहना तो खाना न खाना, फिर आपकी एक-एक हरकत पर जासूसी निगाह!

महेश : सच तो यह है अखिल, हर आदमी शादी करके पछताता है। सबसे आदर्श विवाह तो तभी हो सकता है, जब पत्नी अंधी हो और पति बहरा, नहीं तो जीवन-भर लड़ा करते हैं एक-दूसरे से। **(स्वर बदलकर)** मगर इसका यह मतलब नहीं अखिल कि तुम हताश हो जाओ। तुम अवश्य शादी करो।

अखिल : **(तलखी से)** जी धन्यवाद!

स्वराज : मगर यार, इन औरतों का कुछ भरोसा नहीं। चार आदमी एक साथ रह लें मगर दो औरतें कभी एक साथ नहीं रह सकतीं। अगर अखिल तुम्हें अपने किसी दोस्त से झगड़ा न करना हो तो अपनी पत्नी को उसकी पत्नी के साथ कभी न रहने देना—समझे न! इन औरतों का दिमाग़ दूसरा ही होता है। तुम तो अब तक क्वाँरे रहे, तुम क्या जानो इन्हें!

अखिल : बहुत-बहुत धन्यवाद तुम्हारा स्वराज, इन बिना माँगी सलाहों के लिए! लेकिन शायद तुम्हें यह जानकर धक्का पहुँचे, कि तुम्हारी सलाहें बेकार गईं। मैं विवाह नहीं करूँगा।

स्वराज : अरे जाओ, सब यों ही कहते हैं। हम लोग भी यों ही कहा करते थे। क्यों, है न गोविन्द?

गोविन्द : बिल्कुल ठीक! सब इसी तरह से...

(बराती का मिठाई लिये बायें द्वार से प्रवेश)

बराती : ले आए मिठाई बाबू जी।

महेश : बराती इज़ ग्रेट! **(सब मिठाई खाते हैं)**

गोविन्द : कुछ बिचारे अखिल को भी खिला दो। अभी खा-पी ले, आगे न जाने क्या हो।

महेश : तुम तो ऐसे कह रहे हो गोविन्द, जैसे बेचारा शेर की माँद में जा रहा हो।

गोविन्द : शेर की माँद तो है ही। **(मिठाई खाते हुए)** वाह, बहुत बढ़िया मिठाई है अखिल।

अखिल : महेश से कहो, आज न जाने कैसे उसने इतने रुपये ख़र्च कर ही दिए।

महेश : मैंने क्या किया? यह सब तुम्हारी मेहरबानी है अखिल!

अखिल : मेरी? कैसे?

महेश : यह लीजिए आपका बटुआ, इसमें से सिर्फ सात सौ रुपये ख़र्च हुए हैं।

अखिल : मेरा बटुआ! हे भगवान्, यू रैसकल! अब समझा यह शाहख़र्ची! दूसरों के घन पर सत्यनारायन! निकलिए आप लोग-काफ़ी हो गया...

गोविन्द : अखिल, मेहमानों की इज्ज़त करना सीखो।

अखिल : **(चिढ़कर)** बड़े मेहमान आए! जैसे देवता, वैसी पूजा। बहुत बेवकूफ़ बना चुके तुम लोग! निकलो जल्दी से, मुझे सिनेमा को देर हो रही है।

(नेपथ्य में मोटर के आकर रुकने की आवाज)

स्वराज : अखिल लगता है तुम्हारे यहाँ कार से कोई आया है।

अखिल : देख तो बराती, बाहर कौन है?

(बराती खिड़की से बाहर देखता है)

बराती : सरकार कौनौ बुड्ढ़ा-सा आदमी मोटर से आया है।

महेश : मोटर से? कौन बुड्ढ़ा-सा आदमी तुमसे मोटर से मिलने आएगा अखिल? मैं तो तुम्हारे सब दोस्तों को जानता हूँ।

गोविन्द : अरे महेश, वह अखिल का ससुर होगा। क्या नाम बताया था उसका? **(सोचकर)** याद आया—राय बहादुर जगदम्बा प्रसाद।

महेश : हाँ-हाँ वही होगा। **(अखिल से)** चलकर अपने भावी ससुर जी का स्वागत करो। अगवानी करने बढ़ो, पलक पाँवड़े बिछाओ।

जगदम्बा : **(नेपथ्य से-बायाँ द्वार खटखटाते हुए)** क्या मैं अन्दर आ सकता हूँ?

गोविन्द : **(बायों द्वार के बाहर जाकर बुलाते हुए)** आइए, आइए!

(जगदम्बा प्रसाद का प्रवेश)

जगदम्बा : **(बैठते हुए)** मैं मिस्टर अखिल से मिलना चाहता हूँ।

महेश : वह तो हम समझ ही गए थे। देखिए न, ठीक से बैठ जाइए।

जगदम्बा : मैं....

महेश : **(काटते हुए)** आप न बताइए, हम जानते हैं कि आप कौन हैं। देखिए तकल्लुफ़ न कीजिए। आराम से बैठ जाइए। यहाँ सब लोग अपने ही हैं। मेरा नाम महेश है।

स्वराज : मेरा नाम स्वराज है जी!

गोविन्द : लोग मुझे गोविन्द कहकर पुकारते हैं।

बराती : और हमारा नाम बराती है सरकार!

महेश : और यह है अखिल! अबे ए अखिल, नमस्ते कर!

अखिल : नमस्ते।

जगदम्बा : नमस्ते।

स्वराज : **(फुसफुसाते हुए)** अरे बेटा अखिल, ये ससुर हैं। पैर छू, पैर!

अखिल : चुप रहो!

गोविन्द : हम सब अखिल के दोस्त हैं। ही-ही-ही! सच पूछिए साहब, हम लोग आपकी ही प्रतीक्षा कर रहे थे और इसी ख़ुशी में हम अखिल की दावत कर रहे थे।

अखिल : गोविन्द!

गोविन्द : ओह माफ़ कीजिएगा, हम लोग नहीं, अखिल हम लोगों की दावत कर रहा था।

जगदम्बा : आप लोगों से मिलकर मुझे बड़ी ख़ुशी हुई।

महेश : होनी ही चाहिए...। यानी ख़ुशी हम लोगों को हुई। ही-ही-ही!

जगदम्बा : बात यह है कि....

स्वराज : **(काटते हुए)** अजी साहब, बात क्या है, सब ठीक ही समझिए। सच्ची बात तो यह है कि हमारा सबसे प्यारा और शरीफ़ दोस्त अखिल, स्वभाव से देवता है जी, देवता!

गोविन्द : बिल्कुल ठीक साहब! छल, फ़रेब और चालबाज़ी तो इसे छू नहीं गई है। दुनियादारी तो नाम को भी नहीं जानता। इसे

तो जैसे किसी चीज़ से मतलब ही नहीं है।

स्वराज : मतलब क्या? अरे जनाब, अखिल तो कभी-कभी यह भी भूल जाता है कि आज उसने खाना खाया है कि नहीं। फिर जो मिल गया, वही खा लिया।

गोविन्द : फिर वही हाल बाबू जी, कपड़े का है। जो मिल गया तन पर डाल लिया। इसकी भी चिन्ता नहीं कि गन्दा है या साफ़, इस्त्री है कि नहीं।

महेश : सिधाई की हद तो यह है कि वह नहाना भी भूल जाता है। इसी का नतीजा है कि अखिल बस जुम्मे-जुम्मे ही नहाता है।

स्वराज : क्या बात करते हो महेश? अखिल और जुम्मे-जुम्मे!! अजी जनाब, बस इसके नहाने का नम्बर ईद-बकरीद ही आता है। साल में एक-दो बार।

(जगदम्बा प्रसाद खाँसते हैं)

अखिल : **(रोष से)** स्वराज!

स्वराज : क्या है अखिल? **(बात बनाते हुए)** देखा न जनाब आपने! अखिल बेचारा कितना शरीफ़ है। हम लोग जो इसकी तारीफ़ कर रहे हैं, इसलिए शरमा रहा है।...हैं-हैं-देखा, अपनी तारीफ़ अपने सामने सुनने में शर्माता है बिचरा!

गोविन्द : सच तो यह है जनाब, हमारा यह दोस्त अखिल सिधाई में तो एकदम गऊ है गऊ।

महेश : मगर साहब मेहनत से जी कभी नहीं चुराता। मेहनत करने में तो बैल से किसी हालत में कम नहीं है।

गोविन्द : ऐसा अच्छा लड़का तो आप चिराग लेकर भी ढूँढ़ें, तो न मिले। सब अच्छी आदतें हैं इसमें। सुबह मुँह अँधेरे उठने में तो एकदम मुर्गा है-मुर्गा...

स्वराज : और चौकन्नी नींद सोने में कुत्ता।

जगदम्बा : कुत्ता?

स्वराज : एकदम कुत्ता राय बहादुर जगदम्बा प्रसाद जी।

जगदम्बा : क्या कहा—राय बहादुर जगदम्बा प्रसाद? जी मेरा नाम उल्फत राय है। **(सब एकदम अचम्भे में ठगे स्वर में)**

सब : उल्फत राय!!!

जगदम्बा : जी हाँ, उल्फत राय। इंश्योरेन्स एजेन्ट।

महेश : **(कड़ुवा घूँट निगलते हुए)** इंशोरेन्स एजेन्ट! सुनिए इंशोरेन्स एजेन्ट साहब, यहाँ किसी को अपनी जिन्दगी का बीमा नहीं कराना है। आप तशरीफ़ ले जा सकते हैं।

जगदम्बा : लेकिन सुनिए तो साहब, हमारी कम्पनी के टर्म्स तो देख लीजिए।

स्वराज : **(बिगड़कर)** कह दिया न, हमारा समय ख़राब न कीजिए। बिचारे अखिल को इस समय सिनेमा जाना है। फिर कभी मिलिएगा।

जगदम्बा : जैसी आपकी आज्ञा। अच्छा नमस्ते **(प्रस्थान बायें द्वार से)**

स्वराज : गया...। कम्बख़्त ने सारा मज़ा किरकिरा कर दिया। उल्फ़त राय! इंशोरेन्स एजेन्ट! हम समझे ससुर जी हैं।

गोविद : अमां यह मुँह लटकाए क्यों बैठे हो, अखिल? यह इंशोरेन्स एजेन्ट निकला तो इसमें ग़म क्यों करते हो। ससुर जी अभी नहीं आए तो आज-कल में आते ही होंगे।

स्वराज : बिचारा उदास हो गया। मगर एक बात है गोविन्द, उदासी में अखिल का सौन्दर्य और निखर आता है।

महेश : काश, ससुर जी अखिल का यह रूप देख पाते, तो एकदम लट्टू होकर कहते-बेटा अखिल, मैं अपनी एक नहीं तीन-तीन लड़कियों की शादी तुमसे करने को तैयार हूँ।

अखिल : अच्छा-अच्छा, काफ़ी मज़ाक हो गया। अब आप लोग फ़ौरन तारीफ़ ले जाइए। मुझे सिनेमा देखने जाना है।

गोविन्द : हम लोग तुरन्त चले जाएँगे, मगर एक शर्त पर।

अखिल : वह क्या?

गोविन्द : देखो, तुम्हारे ससुर आने वाले हैं! उसकी ख़ुशी में वादा करो कि डिनर खिलाओगे!

अखिल : डिनर-विनर कुछ नहीं! अब आप लोग खिसकिए।

गोविन्द : **(चुनौती के स्वर में)** तो यह बात है अखिल? तुम्हारे ससुर क्या आने वाले हैं, तुम्हारे मिजाज़ चढ़ गए। हम नहीं जाते।

महेश : हम लोग नहीं जाते।

स्वराज : सत्याग्रह! हम लोग नहीं जाते।

अखिल : **(अनुनय के स्वर में)** अच्छा बाबा, इस समय तो चलो। जब कहोगे, जहाँ कहोगे, वहाँ तुम लोगों की डिनर पक्की रही।

गोविन्द : जियो अखिल, जियो। अच्छा, अब हम लोग चलें। मगर जाने के पहले नारा तो लगा लें-ससुर जी...

सब : जिन्दाबाद!

अखिल : रैस्कल्स!

स्वराज : चलें यार अखिल बेस्ट ऑफ़ लक– **(सबका बायें द्वार से प्रस्थान)**

अखिल : कम्बख़्त टले तो! एकदम पीछे लग गए थे।

बराती : हमारी मानौ सरकार, तू अब बियाह कर लेओ। बाबा तुलसीदास कह गए हैं-बिन घरनी घर भूत का डेरा।

अखिल : **(हँसकर)** बात तो तुम ठीक कहते हो बराती। यह महेश, गोविन्द और स्वराज किन भूतों से कम हैं। **(रुककर)** सोचता हूँ शादी कर ही लूँ।

बराती : **(प्रसन्नता से डदलकर)** सच बाबू, तू राजी हो? दुलहनिया छल-छम-छम। **(रुककर)** लेओ सरकार, यही खुशी में एक प्याला चाय और पीयो।

(अखिल हँसता है-तभी द्वार पर दस्तक)

अखिल : देख तो बराती, बाहर कौन आया है?

बराती : अच्छा सरकार!

(बराती बायें द्वार से बाहर जाकर लौटता है)

बराती : सरकार, पास के होटल से एक आदमी यह चिट्ठी लाया है।

अखिल : लाओ देखूँ। **(पढ़ते हुए)** रायबहादुर जगदम्बा प्रसाद!

बराती : ससुर जी की चिट्ठी? काव लिखा है?

अखिल : **(मायूस स्वर में)** बराती!!

बराती : सरकार?

अखिल : अरे वह इंशोरेन्स एजेन्ट नहीं, ससुर जी थे। **(डूबते स्वर में)** वह लिखते हैं कि उन्हें अब शादी नामंजूर है।

बराती : **(चौंककर)** सरकार!! **(सम्हलकर अखिल को सांत्वना देते हुए)** कौनौ बात नाही सरकार! लो तू चाय पियो।

अखिल : **(उसी डूबी आवाज में)** अरे बराती, चाय नहीं, पानी पिला, ठंडा पानी!

(यवनिका)

प्रेम-कथा

पात्र

पंचायत मंत्री : आयु लगभग 30 वर्ष।
मंत्राणी : पंचायत मंत्री की पत्नी, आयु 28 वर्ष।
मास्टरनी : मंत्राणी की मित्र, आयु 35 वर्ष।
स्थान : उत्तर प्रदेश का एक कस्बा।
समय : वर्तमान।
मंचसज्जा : ***पंचायत मंत्री के घर का दृष्य। मंच पर बायीं तरफ पीछे खपरैल का एक कमरा दिखाई देता है। उस कमरे का एक दरवाजा और खिड़की ही दिखाई पड़ती है। उसका शेष भाग नेपथ्य में है। दायीं ओर तथा पीछे की तरफ आँगन की चारदीवारी है, जिसमें दायीं तरफ एक दरवाजा है, जो घर के बाहर खुलता है।***

(दायें दरवाजे पर खटखटाने की आवाज)

मास्टरनी : **(बाहर से)** दरवाजा खोलो! दरवाजा खोलो! पंचायत मंत्रानी, दरवाजा खोलो!

(पंचायत मंत्राणी कमरे के भीतर से दरवाजा खोलकर मंच पर आती है। उसकी आँखों से लगता है कि वह सो रही थी। जम्हाई लेती वह बाहर का दरवाजा खोलती है।)

मंत्राणी : **(दरवाजा खोलकर)** क्या है?
मास्टरनी : **(प्रवेश करके, क्रोध से)** सुनाई नहीं पड़ता?
मंत्राणी : मैं तो...
मास्टरनी : इतनी देर से दरवाजा पीटती खड़ी रही। महारानी बनी है।
मंत्राणी : क्या है?
मास्टरनी : मैं तो गुलाम हूँ। खटखटाती खड़ी रहूँ...

मंत्राणी : **(चिढ़कर)** क्या मास्टरनी, ज़रा दरवाजा खोलने में देर हो गई तो गरम हुई जा रही हो? हमारा घर है। घर में दरवाजा न बन्द करें तो क्या सड़क पर खड़ी रहें?

मास्टरनी : बड़ी घरवाली बनी हो। तुम्हारा क्या?

मंत्राणी : क्यों?

मास्टरनी : जहाँ बैठ जाओ, वहीं घर!

मंत्राणी : जबान सम्हाल कर बात करो मास्टरनी!

मास्टरनी : मैं झूठ कहूँ, तो जबान गिर पड़े। पहले सईदपुर वाले बूढ़े का घर तुम्हारा घर था...

मंत्राणी : **(काटते हुए)** क्या कहती हो...?

मास्टरनी : बिस्तर समेटकर पंचायत मंत्री के घर आ बैठीं तो यह घर तुम्हारा हो गया?

मंत्राणी : झगड़ा करने का मन है?

मास्टरनी : बस, बन गई पंचायत मंत्रनी! **(नफरत से)** मंत्रानी नहीं तो!

मंत्राणी : **(क्रोध से)** तुम तो बड़ी दूध की धोई हो! बिल्ली चली हज करने, चूहा खाए पचहत्तर!

मास्टरनी : मैंने कौन घर बदला? उसी आदमी का हाथ पकड़े बैठी हूँ, जिसका हाथ एक बार पकड़ा।

मंत्राणी : बहुत कहलाओ मत! मैं सब जानती हूँ।

मास्टरनी : क्या जानती हो? कह सको तो कहो।

मंत्राणी : चमेली को देखा है? अम्माँ की कमी पूरी...

मास्टरनी : **(दहाड़कर)** क्या देखा?

मंत्राणी : 'बीडियो' साहब के लड़के के साथ ताका-झाँकी करती थी।

मास्टरनी : खबरदार, जो हमारी क्वाँरी लड़की को ऐब लगाया! भगवान देखेंगे, हाँ।

मंत्राणी : भगवान तो देखते ही हैं।

मास्टरनी : किस मुँहजले ने कहा? मैं उसके दाँत उखाड़ लूँगी।

मंत्राणी : किसी ने कहा, तब ही न!

मास्टरनी : नाम बताओ। किस हरामजादे के नाती ने...

मंत्राणी : गाली न दो।

मास्टरनी : क्यों न दें? मैं तो दूँगी। उसके खानदान का सत्यानास हो जाए।

मंत्राणी : सच कह दिया तो मिरच लग गई।

मास्टरनी : **(चुनौती में)** किसने देखा?

मंत्राणी : हमारे आदमी ने देखा। अपनी दो आँखों से देखा।

मास्टरनी : **(हिकारत से)** तुम्हारा आदमी...वही पंचायत मंत्री?

मंत्राणी : हाँ, पंचायत मंत्री जी! बीडियो साहब भी जानते हैं।

मास्टरनी : तुम्हारे आदमी की आदत गई नहीं। अब भी दूसरे की बिटिया-बहू ताकता फिरता है!

मंत्राणी : **(चुनौती में)** अब बोलो?

मास्टरनी : पंचायत मंत्री के मुँह में खून लग गया है। सईदपुर के बूढ़े के यहाँ से तुम्हें भगा के उसके मुँह में खून लग गया है।

मंत्राणी : बड़ी सती-सावित्री बनती हो! अब बोलो। लड़की तुम्हारे मुँह पर कलई कर रही है।

मास्टरनी : तुम्हारा आदमी तो छँटा गुण्डा है।

मंत्राणी : खबरदार, हमारे मरद को कुछ कहा तो।

मास्टरनी : हमने कहा, उसे समझा लो।

मंत्राणी : **(उपेक्षा से)** क्या समझा लें?

मास्टरनी : समझा लो। **(गंभीरता से)** अभी पानी सर से ऊपर नहीं है।

मंत्राणी : क्या बात हुई? पहेली बुझाती हो?

मास्टरनी : कह दो हमारे पीछे न पड़ें।

मंत्राणी : **(आहत)** क्या?

मास्टरनी : डोरा न डाले हम पर।

मंत्राणी : सच बहन?

मास्टरनी : तो क्या मैं झूठ कहती हूँ?

मंत्राणी : **(क्रोध से)** उसके यह लच्छन!

मास्टरनी : तुम्हें अब पता लगा?

मंत्राणी : यही सब करने के लिए सईदपुर के बूढ़े के यहाँ से भगा के लाया था मुझे?

मास्टरनी : तुम ही जानों।

मंत्राणी : बड़ा चुप्पा है।

मास्टरनी : पेट का गहरा है।

मंत्राणी : ऊपर से देखो, बस चिकनी-चुपड़ी बोलता है।

मास्टरनी : **(नकल करते हुए)** नमस्ते जी!

मंत्राणी : टोपी लगाकर बन गया पंचायत मंत्री! मैं बीडियो साहब से कहूँगी।

मास्टरनी : सम्हलकर रहो। मैंने कहा उसके मुँह में खून लग गया है। औरों का चक्कर काटता है।

मंत्राणी : आने दो पंचायत मंत्री को, दो झाडू में ठीक कर दूँगी।

मास्टरनी : बड़ा मरद बनता है।

मंत्राणी : सारी उसकी सेखी ठीक न कर दी तो हमारा नाम नहीं।

मास्टरनी : मैंने कहा, तुम मेरी छोटी बहिन हो। भगवान तुम्हारा घर बनाए रखें। अपने आदमी पर आँख रखो।

मंत्राणी : **(सोचते हुए संदेह से)** मैं कहती हूँ, मेरा मरद तो ऐसा नहीं है।

मास्टरनी : पंचायत मंत्रानी, तुम अपने मरद को नहीं जानती हो।

मंत्राणी : मैं अपने मरद को नहीं जानती तो क्या तुम हमारे मरद को जानती हो?

मास्टरनी : **(आत्मविश्वास से)** हाँ जानती हूँ।

मंत्राणी : वह तो ऐसा सीधा है...कहीं तुम ही तो उस पर डोरे नहीं डालतीं?

मास्टरनी : **(आश्चर्य से)** क्या कह रही हो!

मंत्राणी : तुम्हारी नस-नस मैं पहचानती हूँ। यह छरछंद किसी और को दिखाना।

मास्टरनी : तुम्हारी कसम।

मंत्राणी : मंत्री जी तो मुझसे एक बोल भी नहीं बोल पाते मास्टरनी! यह सब तुम्हारा ही काम है।

मास्टरनी : देखो मंत्रानी...

मंत्राणी : ''तिरिया चरित्तर न जाने कोई। खसम मार के सत्ती होई।'' खुद ही मंत्री जी पर डोरे डालती हो और कहती हो वह मुझ पर डोरे डालता है।

मास्टरनी : खबरदार, जो मुझे ऐब लगाया।

मंत्राणी : क्या मैं तुमसे डरती हूँ?

मास्टरनी : मेरी लड़की पर ऐब लगाया, समझो मुझ पर ऐब लगाया—मैं कहे देती हूँ...

मंत्राणी : कुटनी, मंतर मारती फिरती है...

मास्टरनी : जबान सम्हालकर बात करो।

मंत्राणी : झूठ बोलूँ तो मेरी उँगलियाँ सड़ जाएँ।

मंत्राणी : राजा हरिसचन्दर के मरने के बाद तू ही तो पैदा हुई है।

मास्टरनी : भरोसा न हो तो मेरी पीठ देख लो मंत्रानी। मारते-मारते दम निकाल दिया है।

मंत्राणी : यह उसने मारा है?

मास्टरनी : हाँ।

मंत्राणी : पंचायत मंत्री जी ने?

मास्टरनी : वह मारता, तो मैं उसकी जान न ले लेती, हाँ!

मंत्राणी : तब?

मास्टरनी : भला उसकी इतनी हिम्मत।

मंत्राणी : तब किसने मारा?

मास्टरनी : हमारे मास्टर जी ने मारा। क्या मुझे कोई दूसरा मरद मार सकता है?

मंत्राणी : क्यों मारा?

मास्टरनी : यह अपने खसम से पूछो।

मंत्राणी : तुम बताओ।

मास्टरनी : मैं कहती हूँ, वह मेरा आदमी है। चाहे मारे, चाहे काटकर रख दे, किसी और का कलेजा क्यों जलता है?

मंत्राणी : क्या हुआ?

मास्टरनी : मुकदमा किया है।

मंत्राणी : किसने?

मास्टरनी : तुम्हारे आदमी ने, हमारे मास्टर जी पर।

मंत्राणी : मुकदमा?

मास्टरनी : मैं कहती हूँ, अगर मरद है तो सराब पिएगा ही!

मंत्राणी : हाँ।

मास्टरनी : सराब पिएगा तो नसा भी आएगा ही।

मंत्राणी : बेसक।

मास्टरनी : नसा आएगा तो मारेगा भी ज़रूर।

मंत्राणी : ज़रूर।

मास्टरनी : मारने के लिए वह क्या पराई औरत के पास जाएगा?

मंत्राणी : नहीं।

मास्टरनी : अपनी औरत को ही तो मारेगा?

मंत्राणी : और क्या!

मास्टरनी : तब मंत्री जी के पेट में क्यों दरद होता है? क्यों उन्होंने हमारे मरद पर मुकदमा किया?

मंत्राणी : आने दो मंत्री जी को।

मास्टरनी : सभापति जी से कहकर हमारे आदमी पर पंचायत में मुकदमा कर दिया। मास्टर जी ने सुना, तो मुझ पर खौल पड़े। बोले-मंत्री जी की तू कौन लगती है, जो उन्होंने मुकदमा करा?

मंत्राणी : तुमने क्या कहा?

मास्टरनी : मैं क्या कहती! मैंने कहा उसके मुँह में खून लग गया है।

मंत्राणी : आने दो पंचायत मंत्री को-वह खबर लूँगी...वह खबर लूँगी... **(सटकर)** इससे अच्छा तो वह बूढ़ा था...

मास्टरनी : कौन?

मंत्राणी : वह सईदपुर का बूढ़ा-मेरा पहला मरद।

मास्टरनी : कैसे?

मंत्राणी : पंचायत मंत्री भी कोई मरद है!

मास्टरनी : **(अविश्वास से)** क्या कह रही हो?

मंत्राणी : झगड़ा होने लगता है, तो ऐसे चुप्पी मारता है, जैसे जबान ही नहीं।

मास्टरनी : चुप्पा है।

मंत्राणी : इससे तो अच्छा वह सईदपुर वाला था। वैसे तो बेकार था, पर झगड़ा होने पर बराबर से झगड़ता था। यह नहीं कि मुँह बन्द किया और घर से भाग गए।

मास्टरनी : मैं तो कह रही हूँ, चुप्पा है। मन-ही-मन घुटा करता है। मेरे आदमी ने सुना, तो बिगड़े और लगे मारने।

मंत्राणी : फिर मारा क्या?

मास्टरनी : हाँ, फिर मारा। मारते-मारते लकड़ी तोड़ दी। बोला—जा अपने पंचायत मंत्री जी के पास! कर दे दूसरा मुकदमा! हाँ...यह लो आ गए।

(मंत्री जी बाहर से प्रवेश करते हैं। मास्टरनी को देखकर उनके मुख पर शिष्टाचार की मुस्कराहट फैल जाती है। मास्टरनी मंत्री जी की तरफ घूँघट तानती है।)

मंत्री : **(मास्टरनी से)** भाभी जी, नमस्ते।

मंत्राणी : अरे मैंने कहा मंत्री जी, मास्टरनी आपकी भौजाई कब से हो गई?

मंत्री : क्यों?

मंत्राणी : मास्टर जी तुम्हारे सगे भाई हैं?

मंत्री : मेरा मतलब है...कस्बे की...हैं।

मंत्राणी : कस्बे की सब औरतें तुम्हारी भौजाई हैं। और सबके तुम देवर हो। होली खेलो।

मंत्री : क्या कह रही हो।

मंत्राणी : खेलो होली देवर-भौजाई।

मास्टरनी : मेरा कोई मुँहझौंसा देवर नहीं है।

मंत्राणी : मगर ये तो हैं। मान न मान मैं तेरा देवर।

मंत्री : यह सब क्या वाहियात बोल रही हो?

मंत्राणी : वाहियात! अंग्रेजी बोलने लगे।

मास्टरनी : मेरे मास्टरजी पहलवानी करते हैं। बता दो बहन इनको।

मंत्राणी : अरे उससे क्या?

मास्टरनी : एक हाथ में ही नानी याद आ जाएगी। मैं तो उसकी मार जानती हूँ।

मंत्राणी : मेरे पंचायत मंत्री ऐसे नहीं जो डर जाएँ। उन्होंने तो आसिकी बाना पहना है। वह बायस्कोप देखा था? क्या गाना था...

मंत्री : क्या हो गया है तुमको?

मंत्राणी : हाय, जबान पर रखा है...

मास्टरनी : कौन-सा बायस्कोप?

मंत्राणी : ...याद आया...प्यार किया तो डरना क्या! **(चिढ़ाते हुए)** क्यों मंत्री जी, प्यार किया तो डरना कैसा?

मास्टरनी : मास्टर जी के एक ही मुक्के में जान निकल जाएगी।

मंत्राणी : तो क्या? लोग कहेंगे-आसिक का जनाजा है, ज़रा सान से निकले!

मंत्री : **(क्रोध से)** तुम्हारा दिमाग खराब हो गया है। न जाने क्या बकती जा रही हो! जबान में जैसे लगाम ही नहीं है! मैं जाता हूँ।

मंत्राणी : अरे, कहाँ चले मजनूँ के बाप! कौन तुम्हारी राधा बाट जोहती

बैठी हैं?

मंत्री : कैसी राधा!

मंत्राणी : बड़े भोले हो मंत्री जी तुम तो! कुछ जानते भी नहीं।

मास्टरनी : बहन मैं चलती हूँ।

मंत्राणी : लो मंत्री जी, तुम्हारी सग्गी तो चल दीं।

मास्टरनी : नासपिटा?

मंत्राणी : हाय-हाय, तुम खड़े देख रहे हो? मास्टरनी जा रही हैं! दौड़कर पैर तो पकड़ो, और कहो—न, जाओ मेरी लाल परी!

मास्टरनी : मेरे रास्ते जो आया, उसकी ख़ैरियत नहीं। हाँ!

(प्रस्थान बाहर)

मंत्राणी : हाय चली गई तुम्हारी!

मंत्री : जब से आया हूँ, तब से बकवास कर रही हो!

मंत्राणी : तुम्हारे मुँह में खून लग गया है।

मंत्री : क्या?

मंत्राणी : अब तो दूसरों की बहू-बेटी ताकना छोड़ो।

मंत्री : मैं किसी की बहू-बेटी नहीं ताकता।

मंत्राणी : सईदपुर के बूढ़े के यहाँ से मुझको क्या भगा लाए, समझते हो हर एक की औरत भगा ले जाओगे।

मंत्री : तुम्हारा दिमाग़ किसी ने भर दिया है। ऐसी झूठी बातें...

मंत्राणी : झूठी बातें?

मंत्री : हाँ, झूठी बातें।

मंत्राणी : बताओ, तुम मास्टरनी के पीछे नहीं पड़े हो?

मंत्री : बिल्कुल नहीं।

मंत्राणी : तब वह तुम्हारी कौन लगती है? क्या रिस्ता है तुम्हारा?

मंत्री : कोई नहीं लगती। कोई रिश्ता नहीं!

मंत्राणी : तब तुमने मास्टर जी पर मुकदमा क्यों किया?

मंत्री : वह उसको शराब पीकर मारता है।

मंत्राणी : वह उसका मरद है, चाहे मारे चाहे चूमे। तुम्हें उसका क्या? तुम्हारा हिया क्यों पिराता है उसके लिए?

मंत्री : समाज में नारी पर अत्याचार देखना भी पाप है।

मंत्राणी : हाय, हाय! दुनिया-भर की नारियों का ठेका तो तुम्हीं ने ले रखा है।

मंत्री : मैं समाज-सुधारक हूँ।

मंत्राणी : हाय! बूढ़े के यहाँ से मुझे भगा लाए, क्या यह भी समाज-सुधार किया है?

मंत्री : हाँ किया है। **(दृढ़ता से)** समाज-सुधार तो किया है।

मंत्राणी : कैसे?

मंत्री : वह बूढ़ा तुमसे चालीस साल बड़ा था। अनमेल विवाह भी तो नारी पर अत्याचार होता है।

मंत्राणी : वाह मेरे वाजिदअली साह! जहाँ-जहाँ नारी पर अत्याचार देखो, उसे भगा लाओ। बड़ा अच्छा है तुम्हारा समाज-सुधार! मास्टरनी ठीक कहती हैं। तुम्हारे मुँह में खून लग गया है। तो मास्टरनी को भी भगा लाओ!

मंत्री : **(सफाई में)** मेरा मतलब यह नहीं है...

मंत्राणी : करो समाज-सुधार! भगा ले जाओ मास्टरनी को। उसका आदमी उसे मारता है।

मंत्री : तुम हमेशा गलत समझती हो।

मंत्राणी : नारी के बचावनहार तो तुम्हीं हो किरसन कन्हैया! करो सोलह हजार, एक सौ आठ ब्याह!

मंत्री : मैं जाता हूँ। **(चलने को बढ़ता है।)**

मंत्राणी : भाग कहाँ रहे हो मंत्रीजी? रुककर सीधे से बात का जवाब दो। तो मुझको भगाकर तुमने समाज-सुधार किया है?

मंत्री : तुमको मैंने नहीं भगाया।

मंत्राणी : **(विस्मित-सी)** क्या?

मंत्री : तुम तो खुद ही भाग आईं।

मंत्राणी : हाय-हाय, कोई तुम्हारे दूध के दाँत तो देखे! तुमने मुझे नहीं फुसलाया?

मंत्री : तुम ही आकर मुझसे बूढ़े की बुराई किया करती थीं।

मंत्राणी : हाय लो, बुराई करती थी या अपना जी हल्का करती थी?

मंत्री : वही मतलब।

मंत्राणी : कोई दुखियारी तुमसे अपना दुख रोये तो तुम समझो कि वह तुम्हारे साथ भागना चाहती है।

मंत्री : जब बूढ़ा घर पर नहीं रहता था, तब ही तुम मेरे पास आती थीं।

मंत्राणी : तुम्हें मैं भला आदमी समझती थी। मुझे क्या मालूम था कि

तुम्हारे बिस का डंक है।

मंत्री : **(चिढ़कर)** तुम बनती तो बहुत सीधी हो। तुम्हीं ने मुझको उकसाया था।

मंत्राणी : हाय मइया, कोई इनकी सुनो! तुम्हें हनुमान स्वामी की कसम! सच-सच बताओ। मैंने तुमसे कहा था कि मुझे भगा ले चलो?

मंत्री : सब कुछ कहने से नहीं होता है।

मंत्राणी : **(चुनौती में)** अब कह दो, सब झूठ है। तुमने पहले मेरा हाथ नहीं पकड़ा?...कहो झूठ... है...! अगर मैं झूठ बोलूँ तो मेरी जबान कटकर गिर पड़े। पहले तुम्हीं ने मेरा हाथ पकड़ा।

मंत्री : हाँ पकड़ा, लेकिन हाथ पकड़ने से ही सब कुछ नहीं होता...

मंत्राणी : तो काहे से होता है?

मंत्री : मैं तो तुमसे दूर-दूर ही रहना चाहता था...

मंत्राणी : तब काहे हाथ पकड़ा? क्यों भगा लाए?

मंत्री : तुम मुझे ऐसी निगाहों से देखती थीं...ऐसी घायल-घायल आँखों से मुझे उकसाती थीं कि ऋषि-मुनि भी पिघल जाएँ...

मंत्राणी : **(हताश)** सारा दोस मेरा ही है पंचायत मंत्री, तुम तो साबुन के धुले हो! हे भगवान, यही दिन देखने को मुझे जिन्दा रखा! हे परमेसर, उठा लो मुझे!

मंत्री : क्या शोर कर रही हो?

मंत्राणी : अब मेरी बात सोर हो गई! मन ऊब गया मुझसे! **(रुआँसी-सी)** मेरी तो किस्मत ही फूट गई।

मंत्री : जब से घर में आया हूँ, मुसीबत कर दी है। चुप भी रहो।

मंत्राणी : नहीं चुप रहती। तुम क्या करोगे? क्या मैं तुम्हारी नौकरानी हूँ? बड़े लाट कमंडल बन गए। (ऊँचे स्वर में रोती हुई) मुझे तो सईदपुर के बूढ़े की आह लग गई। इस नासपिटे ने जिन्दगी जहर कर दी! मुँहज़रा अब आँखें दिखाता है। हे राम!

मंत्री : **(क्रोध से)** खबरदार, मुझे गाली मत देना।

मत्राणी : दूँगी गाली। हजार बार दूँगी। हरामखोर, उचक्का, बेईमान...

मंत्री : **(अतीव क्रोध से)** मैं...मैं...

मंत्राणी : क्या कर लोगे तुम? जाओ नारी की घायल आँखें देखो...

मंत्री : नहीं मानती तो ले...**(पास पड़ी छड़ी उठाकर मारता है)** ले ससुरी... **(फिर मारता है)** हरामजादी...

मंत्राणी : **(चीखती हुई)** हाय, हाय मार डाला! मुँहजरे ने मार डाला...

(मंत्राणी जितना चिल्लाती है, मंत्री उतना ही और मारता है। मंत्राणी भागकर पीछे कमरे में चली जाती है। मंत्री गुस्से में पीछा करता उसके पीछे कमरे में जाता है। भीतर से कुछ देर मारने और चिल्लाने की आवाज आती है। थोड़ी देर में टूटा बेंत लिए मंत्री कोठरी से बाहर निकलता है। बेंत एक ओर फेंककर वह घर के बाहर निकल जाता है। भीतर से मंत्राणी के चीखने रोने और गाली देने की आवाज आती रहती है।)

(थोड़ी देर में मंत्राणी का रोना बन्द हो जाता है। मास्टरनी इधर-उधर देखती सशंकित, बाहर से घर में घुसती है। तब ही लँगड़ाती, बाल और कपड़े बिखेरे मंत्राणी कमरे से बाहर निकलकर आँगन में आती है। मास्टरनी दौड़कर उसे बाँहों में पकड़कर सम्भालती हैं। मंत्राणी इशारे से पानी माँगती है। मास्टरनी दोड़कर पानी लाती है। मंत्राणी पानी पीती है।)

मास्टरनी : हाय, बहन, बेंत तोड़ दिया! मैं बाहर छिपी खड़ी थी। आज तो पंचायत मंत्री जी ने बहुत मारा। हाय राम, बहुत मारा!

मंत्राणी : **(पानी पीकर, अतीव सन्तुष्टि की की मुस्कान से)** बहन आज मालूम पड़ा-मरद है।

(यवनिका)

नाक का सवाल

पात्र

ठाकुर साहब : आयु लगभग 55 वर्ष।

कुंवर : ठाकुर साहब का पुत्र, आयु 22 वर्ष।

पाण्डे जी : ठाकुर साहब के समवयस्क मित्र।

समय : वर्तमान।

स्थान : ***गाँव में ठाकुर साहब की चौपाल।***

ठाकुर साहब तख़्त पर गाव तकिया लगाए बैठे हैं तथा हुक्का पी रहे हैं। उनका लड़का कुँवर-पास ही बैठा किताब पढ़ रहा है।

(बाहर से पाण्डे जी का प्रवेश)

पाण्डे : राम राम, ठाकुर!

ठाकुर : अरे पाण्डे जी! आओ, आओ, बैठो! पायलागी!

पाण्डे : **(बैठते हुए)** प्रसन्न रहो।

ठाकुर : **(कुंवर से)** अरे कुँवर, पाण्डे जी को पायलागी कर।

कुंवर : पायलागी ताऊ!

ठाकुर : **(नकल करते हुए)** पायलागी ताऊ! **(बिगड़कर)** बी.ए. पास हो गया, मगर अक़्ल नहीं आई। यह भी कोई ढंग है। ढाई सेर की खोपड़ी नहीं झुकाई गई। **(कुँवर हँसता है)** पैर छूने से तू छोटा नहीं हो जाएगा।

पाण्डे : आजकल के लड़के हैं ठाकुर!

ठाकुर : पाण्डे जी के चरन छूकर पायलागी कह।

(कुँवर हँसता हुआ पाण्डे जी के पैर छूता है।)

कुंवर : पायलागी ताऊ!

पाण्डे : **(गदगद स्वर में)** बहुत बड़ी आयु पाओ बेटा। **(स्वर बदल कर)** और कहो ठाकुर, सब कुसल-मंगल तो है?

ठाकुर : आपका आशीर्वाद है पाण्डेजी! **(चिन्तित-सा)** बड़कू की चिट्ठी नहीं आई।

पाण्डे : तुम तो कह रहे थे कि वह आने वाला है?

ठाकुर : हाँ, आने वाला तो है ही। उसने पिछली चिट्ठी में लिखा था कि इस महीने के आख़िर तक पहुँच जाएगा। महीना खत्म होने को आ रहा है...

पाण्डे : **(बीच में ही)** आने की तारीख नहीं लिखी थी?

ठाकुर : नहीं। लिखा था कि पहुँचने की तारीख बाद में लिख भेजूँगा। सो उसी चिट्ठी का इन्तजार कर रहा हूँ।

पाण्डे : आती ही होगी ठाकुर! तुम चिन्तित मत हो। चिट्ठी रास्ता भी तो भूल सकती है।

कुँवर : ताऊ, चिट्ठी भी रास्ता भूल सकती है?

पाण्डे : क्यों? क्यों नहीं भूल सकती? **(रुककर)** हमारे गाँव से शहर कितनी दूर है? बोलो? उत्तर दो!

कुँवर : सत्रह मील।

पाण्डे : और पतालपुरी कितनी दूर है?

कुँवर : पतालपुरी?...**(सोचते हुए)** यानी अमरीका?

पाण्डे : सहस्रों योजन दूर। है कि नहीं?

कुँवर : **(अनिश्चित-सा)** हाँ।

पाण्डे : जब मैं यहाँ से सत्रह मील सहर जाने में रास्ता भूल जाता हूँ, तो क्या चिट्ठी पातालपुरी से यहाँ तक सहस्रों योजन की यात्रा में रास्ता नहीं भूल सकती? **(कुँवर हँसता है। उससे चिढ़कर)** हँसते क्या हो?

ठाकुर : **(स्थिति सँभालते हुए)** बिल्कुल भूल सकती है, पाण्डे जी! **(रुककर)** हँसते क्यों हो कुँवर! पाण्डे जी बात अनुभव से करते हैं।

पाण्डे : अभी बात इसकी समझ में नहीं आएगी।

ठाकुर : बच्चा है। **(कुँवर से)** हुक्का तो बिल्कुल ठंडा है। जाओ, चिलम तो ताजा कर लाओ।

कुँवर : अच्छा बप्पा। **(हँसते हुए प्रस्थान)**

पाण्डे : **(रौब से)** अरे बताओ, इतनी दूर से चिट्ठी आती है, हजारों आदमियों के हाथ में होकर! कहीं इधर-उधर नहीं हो सकती?

ठाकुर : कहा न मैंने पाण्डे जी, बच्चा है अभी तक। उसके कहे कहा बुरा न मानिएगा। **(विषय बदलते हुए)** आपका बेटा तो इंजीनियरी पास हो गया। कहीं नौकरी-वौकरी का कुछ सिलसिला...?

पाण्डे : तुम्हारे बड़कू ने तो गाँव के सब लड़कों के दिमाग ख़राब कर दिए हैं...

ठाकुर : **(आश्चर्य से)** बड़कू ने?

पाण्डे : हाँ-हाँ, बड़कू ने! बड़कू ने ही सब लड़कों के दिमाग में उड़न-खटोला बैठाया। अब तुम्हीं बताओ, हमारे यहाँ हजारों साल से जजमानी होती आ रही है, मगर मेरे सुपुत्र बोले—मैं जजमानी नहीं करूँगा। **(लड़के की नकल करते हुए)** मैं तो पढ़ूँगा-बड़कू भइया की तरह!

ठाकुर : बड़कू को मैं भी नहीं पढ़ाना चाहता था। घर पर खेत हैं, ढोर हैं। क्या ज़रूरत पढ़ाई की। मगर नहीं माना, लड़-झगड़कर अपने आप ही स्कूल में नाम लिखा लिया।

पाण्डे : **(अपने लड़के की नकल करते हुए)** बड़कू भइया कॉलिज में पढ़े हैं, तो मैं भी पढ़ूँगा।...पढ़ लिया। मगर सुपुत्र जी को अब भी सन्तोष नहीं। बड़कू भइया अमरीका गए हैं, मैं भी जाऊँगा।

ठाकुर : लड़के हैं। जवान हैं। देश-विदेश देखना चाहते हैं। इसमें बुराई क्या है पाण्डे जी!

पाण्डे : **(व्यंग्य से)** पण्डित रामनारायण पाण्डे का पुत्र, पण्डित कालिका सरन पाण्डे का पौत्र, पण्डित हरिकीर्तन पाण्डे का प्रपौत्र पाताल लोक जाना चाहता है। आहा, इसमें कोई बुराई नहीं!! अरे ठाकुर, जब राजा रामगढ़ के बाबा पहली बार विलायत से लौटे, तो हमारे ही पितामह पण्डित हरिकीर्तन पाण्डे ने उनको गोमूत्र और गोबर से सुद्ध किया था। अब इसी पाण्डे परिवार का लड़का समुन्दर पार करेगा!! राम राम! हरिओम्! लोग सुनेंगे तो क्या कहेंगे?

ठाकुर : अगर लड़का जाने पर ही उतारू हो गया, तो तुम क्या कर

लोगे पाण्डे जी? **(समझाते हुए)** अब ज़माना बदल रहा है।

पाण्डे : ज़माना तो बदल ही रहा है। नहीं तो पाण्डे-परिवार में कोई जजमानी छोड़कर फिरंगी भासा पढ़ता!

ठाकुर : जाने दो उसे अमरीका। जब लौटकर आए, तो उसे भी गोमूत्र और गोबर खिलाकर शुद्ध कर लेना।

पाण्डे : मैं तो मान लूँ, लेकिन पण्डिताइन क्या कहेंगी?

ठाकुर : पाण्डे जी, सब वक़्त की बात है। हर चीज़ बदल जाती है। हमने सुना है कि हमारे बाबा मिट्टी का तेल घर में नहीं आने देते थे!

पाण्डे : क्यों?

ठाकुर : मिट्टी का तेल अंग्रेज लाए थे। लालटेन भी वे ही लाए थे।

पाण्डे : सुना पहले अंडी का तेल जलता था।

ठाकुर : हमारे बाबा कहते थे कि मिट्टी के तेल की रोशनी आँखों की रोशनी मिट्टी कर देती है।

पाण्डे : नहीं तो।

ठाकुर : गलत तो है ही। मगर उस समय बाबा यही समझते थे। क्या मजाल कि उनके समय में मिट्टी का तेल घर में आ पाता। वह कहा करते थे–

जब से चला लंप अंग्रेजी
मिटने लगी आँख की तेज़ी।

सो जिस घर में मिट्टी का तेल नहीं जा सकता था, वहाँ अब बिजली भी लग गई।

(कुँवर का प्रवेश। वह एक हाथ में चिलम तथा दूसरे में पान की तश्तरी लिये है। चिलम हुक्के पर रखकर पान पाण्डे जी को देता है।)

कुँवर : ताऊ, पान लो।

पाण्डे : **(पान खाकर)** समय होत बलवान। **(रुककर)** मैंने सुना है, वहाँ पाताल-लोक में बहुत बड़ी-बड़ी इमारतें हैं।

कुँवर : ताऊ, इतनी बड़ी, इतनी ऊँची कि उनकी चोटी देखना चाहो तो सिर की टोपी गिर जाए फिर भी न देख पाओ।

पाण्डे : कैसे बनती हैं इतनी ऊँची इमारतें? कोई पिसाच सिद्ध किया लगता है।

ठाकुर : **(सर्वज्ञ की भाँति)** सब 'सैंस' का कमाल है।

कुँवर : वहाँ सड़कों पर इतनी भीड़ होती है, इतनी सवारी होती है ताऊ, कि पूछो न! एक मिनट को सिपाही सवारी रोक दे, तो मीलों लंबी मोटरों की लाइन लग जाए।

ठाकुर : **(वितृष्णा से)** हर समय मोटरों की पों-पों मची रहती होगी।

पाण्डे : वह भी कोई जगह है, जहाँ एक मिनट भी सान्ती नहीं।

कुँवर : वहाँ सड़क पार करना तो एकदम नामुमकिन-सा है। एक के पीछे एक मोटर हर समय लगी रहती है, और वह भी साठ-सत्तर मील की रफ़्तार से।

पाण्डे : तो लोग सड़क कैसे पार करते हैं?

कुँवर : इस पर ताऊ एक कहानी याद आ गई। एक हिन्दुस्तानी अमरीका गया। वहाँ वह अपने एक अमरीकी दोस्त से मिलने उसके घर जा रहा था। रास्ते में उसे सड़क पार करनी थी। सड़क पर बराबर तीर-सी मोटरें दौड़ रही थीं। वह घंटों वहीं खड़ा रहा लेकिन सड़क पार नहीं कर पाया।

पाण्डे : **(रुचि से)** तो? तो उसने क्या किया?

कुँवर : ताऊ, तब ही उसे अपना अमरीकी दोस्त सड़क के दूसरी तरफ दिखाई पड़ा। उसने अपने दोस्त से चिल्लाकर पूछा—तुम सड़क के उस पार कैसे गए?

पाण्डे : उसने क्या जवाब दिया?

कुँवर : वह बोला—मैं सड़क के इस तरफ पैदा हुआ हूँ?

पाण्डे : हरि ओम्! हरि ओम्!

ठाकुर : **(जोर से एकदम हँसकर)** यानी सड़क पार करने के लिए दूसरा जनम लो, तब ही सड़क के दूसरी तरफ पहुँच सकते हो। क्या समझे पाण्डे जी?

पाण्डे : मैं तो अगर वहाँ जाऊँ तो पागल ही हो जाऊँ। सुनते हैं, वहाँ औरतें बिल्कुल परदा नहीं करतीं! क्या यह सही है?

कुँवर : ताऊ परदा करना तो दूर है, वहाँ औरतें यह भी नहीं जानतीं कि परदा क्या होता है।

पाण्डे : ठाकुर, हमारी पण्डिताइन बुढ़ा गई, लेकिन अब तक मुँह पर से घूँघट नहीं गया।

कुँवर : वहाँ मर्द और औरत बिल्कुल बराबर हैं। दोनों में कोई फर्क

नहीं।

पाण्डे : सुना है, औरतें फर्राटे से मोटर चलाती हैं?

कुँवर : ताऊ, हवाई जहाज़ चलाती हैं।

पाण्डे : **(आश्चर्य चकित)** हवाई जहाज भी?

कुँवर : हाँ, हाँ ताऊ। औरतें वहाँ वह सब काम करती हैं, जो आदमी करते हैं। दफ़्तरों में अफ़सर होती हैं; डॉक्टर, इंजीनियर होती हैं; सब काम करती हैं।

ठाकुर : अपने देश में भी औरतें सब काम करने लग गई हैं।

पाण्डे : कौन मैं रोज़-रोज़ सहर जाता हूँ, जो जानूँ। जजमानी से फुर्सत ही नहीं मिलती।

ठाकुर : बड़कू ने लिखा था कि उसके कॉलिज की प्रिन्सिपल औरत है।

पाण्डे : एक बार तो मुझे भी एक औरत मिली **(समझाते हुए)** विलायती औरत...मेम!

कुँवर : तुमको ताऊ!

पाण्डे : हरिद्वार जा रहा था। किसी स्टेसन पर एक मेम मेरे ही डिब्बे में चढ़ी।

ठाकुर : **(अविश्वास से)** तुम्हारे डिब्बे में? तीसरे दर्जे में?

पाण्डे : हाँ ठाकुर। तुम्हारी सौगन्ध।

कुँवर : बप्पा, विलायत में जब से कंगाली बढ़ी है, बहुत-सी मेमें तीसरे दर्जे में चढ़ने लगी हैं।

ठाकुर : तो?

पाण्डे : बस, वह मेम मेरे पास आकर बैठ गई। मेरी तो ऊपर की साँस ऊपर, और नीचे की नीचे।

कुँवर : क्यों ताऊ?

पाण्डे : हाथ-पैर काँपने लगे, दिल धकधकाने लगा। अगर कहीं पण्डिताइन देख लेतीं तो...

ठाकुर : **(परिहास में)** तो पाण्डे जी के सिर में एक बाल न बचता।

पाण्डे : ठाकुर, मैं तो सचमुच घबरा गया। पहली बार किसी औरत के बगल में बैठा था...

ठाकुर : **(मुस्कराकर)** क्यों, पण्डिताइन के साथ कभी नहीं बैठे?

पाण्डे : **(झिड़कते हुए)** पण्डिताइन से क्या मतलब! मैं तो औरत की

बात कह रहा हूँ, पण्डिताइन की नहीं। **(स्वर बदलकर)** फिर वह मेम बैठी ही रहती, तब भी गनीमत होती। वह तो मुझसे बोलने लगी।

कुँवर : क्या बोली ताऊ?

पाण्डे : हिन्दी में बोली। बिल्कुल हिन्दी में—"गाड़ी हरडवार कब पहुँचटा?"

कुँवर : आपने क्या जवाब दिया?

पाण्डे : मैंने सोचा जब यह मेम होकर हिन्दी में बोलती है, तो मैं भी अंग्रेजी में जवाब दूँ।

ठाकुर : अंग्रेजी में? आप जानते हैं अंग्रेजी?

पाण्डे : **(गर्व से)** मेरा लड़का इंजीनियर पास हो गया है। थोड़ी-बहुत तो जानता ही हूँ।

कुँवर : क्या कहा आपने अंग्रेजी में?

पाण्डे : जब उसने दुबारा पूछा—"गाड़ी हरडवार कब पहुँचटा?" तो मैंने फ़ौरन अंग्रेजी में जबाव दिया-"थैंक यू।"

(कुँवर और ठाकुर एकदम हँसते हैं।)

कुँवर : वाह ताऊ, खूब जवाब दिया!

पाण्डे : **(नेपथ्य में मंच की एक तरफ देखते हुए)** वह देखो, डाकिया आ रहा है।

ठाकुर : **(उधर देखते हुए)** हाँ, डाकिया इधर ही आ रहा है। कुंवर चिट्ठी तो लेकर आ उससे!

(कुँवर का नेपथ्य में प्रस्थान)

पाण्डे : मेरा हृदय बोल रहा है कि बड़कू की चिट्ठी है।

ठाकुर : आपके मुँह में घी-शक्कर।

(दोनों उत्सुकता से नेपथ्य की ओर देखते हैं। थोड़ी देर बाद चिट्ठी लिए कुँवर का प्रवेश)

ठाकुर : यह तो बड़कू की ही चिट्ठी लगती है।

कुँवर : **(पत्र खोलते हुए)** हाँ बप्पा, उन्हीं की है।

पाण्डे : मेरा हृदय बोल रहा था।

ठाकुर : पढ़के तो सुना बेटा!

कुँवर : **(पत्र पढ़ते हुए)** आदरणीय बाबू जी, सादर चरण-स्पर्श!

ठाकुर : **(पिता के गर्व से)** जीते रहो! **(स्वर बदलकर)** हाँ, आगे पढ़ो।

कुँवर : **(पढ़ते हुए)** मैं 31 सितम्बर को दिल्ली के पालम हवाई अड्डे पर हवाई जहाज से सुबह सवा आठ बजे पहुँच जाऊँगा।

ठाकुर : **(खुशी से)** 31 को!

पाण्डे : सब भगवान की किरपा है। चार साल बाद बेटा आ रहा है।

ठाकुर : सिर्फ चार दिन बाद! मैंने तो पाण्डे जी, सत्यनारायण की कथा बोली है।

पाण्डे : तुम्हारे विचार बड़े धार्मिक हैं, तब ही तो इतना आज्ञाकारी बेटा पाया। सात समन्दर पार हो आया, किन्तु पत्र में लिखता है-'चरन-स्पर्स'! धन्य है।

ठाकुर : मेरा बड़कू बड़ा लायक है। कोई भी बुरी आदत नहीं। पढ़ाई और पढ़ाई। बस! अमरीका जाने लगा तो बड़कू की अम्मा बोलीं-कहीं मेम न ले आए।

पाण्डे : इसी डर से तो पण्डिताइन अपने बेटे को पातालपुरी नहीं भेजना चाहतीं।

ठाकुर : मैंने कहा—बड़कू की अम्मा, बड़कू बिना मुझसे पूछे कहीं शादी नहीं कर सकता। बात सही निकली। चार साल अमरीका में रहा, लेकिन सिवाय पढ़ाई के, और कहीं मन नहीं भरमाया। तब ही तो हमेशा अव्वल आया! **(रुककर)** हाँ कुँवर, आगे पढ़ो।

कुँवर : **(पत्र पढ़ते हुए)** मैं अपने साथ बहुत सारा सामान ला रहा हूँ। बप्पा, आपके लिए ऐसी दियासलाई ला रहा हूँ, जो कभी खत्म न हो।

पाण्डे : **(चकित-सा)** यह कैसी दियासलाई है?

ठाकुर : सब 'सैंस' का करिश्मा है। आगे पढ़ो कुँवर!

कुँवर : **(पत्र पढ़ते हुए)** अम्मा के लिए एक ऐसी पतीली ला रहा हूँ, जिसमें दाल पाँच मिनट में पक जाए।

ठाकुर : सब 'सैंस' का कमाल है।

पाण्डे : हमारे यहाँ से ही विद्या चुरा ले गए हैं, ये सब। हमारे वेदों में क्या नहीं था!

कुँवर : **(पढ़ते हुए)** एक ऐसी अलमारी ला रहा हूँ, जिसमें खाना हफ़्तों रखा जा सकता है—फिर भी न सड़े।

पाण्डे : वाह-वाह!

कुँवर : एक ऐसी मशीन ला रहा हूँ जिसमें गन्दे कपड़े डालो और पाँच मिनट में अपने आप ही धुल जाएँ।

ठाकुर : **(असन्तोष से)** इसकी क्या ज़रूरत थी! क्या धोबी उठ गए हैं! खै़र, आगे पढ़ो।

कुँवर : **(पढ़ते हुए)** बहन के लिए एक ऐसा बाजा ला रहा हूँ कि इधर वह गाए, उधर उसमें वही गाना भर जाए। फिर चाहे हजारों बार वही गाना सुनो। कुँवर के लिए ऐसी दाढ़ी बनाने की मशीन ला रहा हूँ कि आधे मिनट में ही दाढ़ी बन जाए।

पाण्डे : **(विनोद में)** यह लो, नाई की छुट्टी हो गई।

ठाकुर : सब 'सैंस' की माया है।

कुँवर : **(पढ़ते हुए)** बाबूजी, अपने लिए भी एक चीज़ ला रहा हूँ। आशा है, आप मुझे क्षमा कर देंगे।

ठाकुर : **(विमूढ़-सा)** क्षमा कर देंगे!!

पाण्डे : ऐसी क्या चीज़ ला रहा है?

ठाकुर : **(गम्भीर स्वर में)** आगे पढ़ो कुँवर! **(कुँवर नहीं पढ़ता, तो आदेश से)** पढ़ो! पढ़ते क्यों नहीं?

कुँवर : **(पढ़ते हुए)** मैं अपने लिए एक अमरीकी पत्नी ला रहा हूँ।

ठाकुर : **(बिगड़कर)** पत्नी ला रहा है? नालायक! गधा!!

पाण्डे : **(समझाते हुए)** ज़माना खराब है, ठाकुर!

ठाकुर : क्या ख़राब है? नालायक़ है।

पाण्डे : सब समय की बात है। समय से कोई बड़ा नहीं।

ठाकुर : मेरा बेटा—इसने तो मेरी नाक ही काट दी। नालायक कहीं का।

पाण्डे : सबर करो ठाकुर! जवानी में ग़लती हो ही जाती है।

ठाकुर : लानत है ऐसी जवानी पर! सबसे नीचे लिखता है—अपने लिए एक अमरीकी पत्नी ला रहा हूँ!

पाण्डे : सर्माता होगा बिचारा। कैसे बाप को लिखे!

ठाकुर : इसमें शर्माना क्या पाण्डे जी? अगर हम होते तो सबसे पहले लिखते-बाबूजी, मैंने अमरीकी लड़की से शादी कर ली है।

पाण्डे : **(स्तंभित)** ठाकुर!

ठाकुर : हाँ और क्या? इसमें शर्माना कैसा! नालायक, डरपोक! सबसे बाद में लिखा है। अरे पाण्डे जी, तुम मुँह फाड़कर क्या

देख रहे हो? राजा दशरथ की रानी सुमित्रा-सुमात्रा देश की थीं-बर्मा के भी आगे जो देश है, वहाँ की। आने दो बड़कू को! मेम-बहू के साथ बैठाकर उसको सत्यनारायण की कथा सुनवाऊँगा। पाण्डे जी, तुम चाहो तो मेम-बहू को गोबर और गोमूत्र से शुद्ध कर देना।

(हँसता है। पाण्डे जी मुँह फाड़कर ठाकुर को देखते हैं।)

(यवनिका)

रीत-विपरीत

पात्र

मनोज : 25 वर्षीय युवक।
मंटो : मनोज का समवयस्क मित्र।
रामनरेश : मनोज के पिता, आयु 50 वर्ष।
कन्हैया लाल, **सैयद महमूद** } रामनरेश के मित्र।

शम्भू : रामनरेश का नौकर।
माँ : नामनरेश की पत्नी।
- **पूजा** : रामनरेश की पुत्री; आयु 22 वर्ष

समय : वर्तमान।
स्थान : बाबू रामनरेश के मकान की बैठक।

पर्दा खुलने पर बाबू रामनरेश के मकान की मध्यवर्गीय बैठक दिखाई पड़ती है। इसका एक द्वार घर के भीतर खुलता है तथा दूसरा द्वार घर के बाहर। इसमें एक कुर्सी पर बैठा, मंटो पत्रिका के पन्ने पलटता दिखाई पड़ता हैं बीच में कभी वह हाथ की घड़ी देखता है, तो कभी घर के भीतर जाने वाले द्वार को। इससे स्पष्ट है कि वह समय काटने के लिए पत्रिका देख रहा है, और अब ऊब रहा है।

मंटो : **(जम्हाई लेकर पुकारते हुए)** अरे-ए-मनोज!
मनोज : **(नेपथ्य से)** आया।
मंटो : **(नाराजगी से)** अरे, आ तो तुम एक घंटे से रहे हो, जल्दी करो।

मनोज : **(नेपथ्य से ही)** बस मंटो, अभी आया थोड़ी देर में।

मंटो : कमाल है, ज़रा से कपड़े बदलने में इतनी देर! तुमने तो लड़कियों को भी मात कर दिया। पूरे एक घंटे से इन्तज़ार कर रहा हूँ और आप हैं—अन्दर से ही कह देंगे—**(आवाज की नकल करते हुए)** आ रहा हूँ!

मनोज : **(प्रवेश करके)** नाराज़ न हो मंटो! लो आ गया—ज़रा देर हो गई।

मंटो : **(आश्चर्य से)** अभी तक तुमने जूते भी नहीं पहने! हाथ में लिए चले आ रहे हो। सूट पहन लिया है, लेकिन टाई कंधे पर पड़ी है। तुम भी कहोगे कि तुम्हें एक टट्टू मोल ले दें।

मनोज : **(हिचकते हुए)** इसे तुम...**(हाथ में लिये जूते मंटो को दिखाता है)**

मंटो : **(तेज़ी से बात काटते हुए)** क्या कहा? मैं तुम्हें जूते पहनाऊँ? ए मिस्टर, जब तुम्हारी शादी हो जाए, तब इस काम के लिए अपनी श्रीमती से कहना। मुझे समझा क्या है?

मनोज : ओह, आई एम सॉरी! जूते नहीं मंटो, मेरा मतलब है—देखो न दिमाग कितना अपसेट है—मेरा मतलब है कि टाई तुम बाँध दो। इतनी देर से बांध रहा हूँ मगर बँध ही नहीं रही है।

मंटो : क्यों नहीं बँध रही है? रोज़ कौन बाँधता था?

मनोज : रोज़ तो मैं ही बाँध लेता था, लेकिन आज न जाने क्या बात है कि ठीक नॉट ही नहीं लग रही है।

मंटो : वाह मनोज, अभी से यह हाल है नरवसनेस का! आगे-आगे देखिए, होता है क्या! **(तनिक रौब से)** अपने आप टाई बाँधो, मैं नहीं बाँधता।

मनोज : **(रूष्टता से)** अच्छा...! **(अपने आप टाई बाँधता है)**

मंटो : **(पत्रिका में से पढ़ते हुए)** किसी दार्शनिक ने कहा है कि विवाह वह फाँसी है जिसे लोग गा-बजाकर अपने आप गले में डालते हैं। **(तनिक रुककर)** और एक दूसरे दार्शनिक ने कहा है कि विवाह के पहले 6 महीने पति बोलता है और पत्नी सुनती है। फिर अगले 6 महीने पत्नी बोलती है और पति सुनता है। उसके बाद दोनों बोलते हैं और पड़ोसी सुनते हैं।

मनोज : **(बहुत ही असन्तुष्टि के स्वर में)** मंटो! तुम्हें बस यही पढ़ने

को रह गया है?

मंटो : मैं क्या करूँ, यह तो पत्रिका में लिखा है, मैं उसी को पढ़ रहा हूँ। यह देखो।

मनोज : झूठ मत बोलो। लाओ देखूँ पत्रिका।

मंटो : अरे हटाओ भी, उसमें कुछ नहीं लिखा है। मैं यों ही कह रहा था। मगर भाई मनोज, जल्दी करो। कोई तुम्हारा इन्तज़ार कर रहा होगा। तुम्हारी प्रतीक्षा की बेसब्री में किसी का हर पल युग बन रहा होगा।

मनोज : **(शिकायत के स्वर में)** मंटो!

मंटो : सच मानो मनोज, तुम बहुत जँच रहे हो। जिधर से निकल जाओगे, उधर से बेहोश हो जाने वालों के लिए स्पेशल ऐम्बुलेन्स का प्रबन्ध करना पड़ेगा। और फिर सेठ मानिकचन्द...वह तो...

मनोज : ओह धीरे बोलो, अगर कहीं बाबूजी आ गए और उन्होंने सुन लिया तो...

रामनरेश : **(बाहर से प्रवेश करते हुए)** कौन-सी बात बाबूजी से छिपाई जा रही है?

मंटो : कुछ नहीं जी...कुछ नहीं!

रामनरेश : कुछ बात तो ज़रूर है? क्यों मनोज क्या बात है?

मनोज : **(किंकर्त्तव्यविमूढ़-सा)** बात तो कुछ नहीं है, लेकिन बात यह है कि वह जो हैं न...

रामनरेश : कौन हैं न?

मनोज : वही...सेठ मालिकचन्द...तो...तो सेठ मानिकचन्द की...सेठ मानिकचन्द की...

मंटो : **(बात सम्हालते हुए)** सेठ मानिकचन्द की फ़र्म में एक नौकरी का इन्टरव्यू है...उसी के लिए...

रामनरेश : नौकरी का इन्टरव्यू है? क्या तुमने एप्लाई किया था?

मनोज : जी हाँ! जी हाँ!!

रामनरेश : तो इसमें छिपाने की क्या बात थी?

मनोज : बात असल यह थी...बाबूजी...कि बात यों थी कि...

मंटो : सरप्राइज़!

मनोज : जी हाँ, बिल्कुल यही बाबूजी, मैं आपको सरप्राइज़ देना चाहता था, और फिर मैंने सोचा कि नहीं लिए गए तो इन्सल्ट होगी

इसीलिए—

रामनरेश : ओह, यह बात है! मैं समझा कुछ और! क्या नौकरी है?

मनोज : नौकरी क्या है...क्या है...उसका नाम?

मंटो : वैलफ़ेयर ऑफ़ीसर।

मनोज : जी हाँ,-सेठ मानिकचन्द की फ़र्म में वैलफ़ेयर ऑफ़ीसर का काम है।

रामनरेश : तनख़्वाह क्या है?

मनोज : जी, बस यही समझिए...पाँच हज़ार रुपया।

रामनरेश : पाँच हज़ार रुपये? सिर्फ पाँच हज़ार रुपये?

मंटो : यह तो सिर्फ एलाउन्स है। तनख्वाह तो बीस हज़ार रुपया है, इस तरह कुल मिलाकर पचीस हज़ार होते हैं।

मनोज : जी हाँ, इस तरह पचीस हज़ार होते हैं।

रामनरेश : तब तो ठीक है। **(पुकारते हुए)** पूजा की माँ...पूजा की माँ! **(मनोज से)** सुनते हैं मनोज, सेठ मानिकचन्द बहुत ही कंजूस और बेईमान आदमी हैं...

मनोज : जी हाँ, लेकिन उसके अलावा उसके घर का कोई आदमी ऐसा नहीं है। और सब बेहद अच्छे और शरीफ़ हैं...

रामनरेश : उसके घरवालों से तुम्हें क्या मतलब?

मंटो : हाँ बाबू जी ठीक ही तो कह रहे हैं! उसके घरवालों से तुम्हें क्या मतलब? काम तो तुम्हें उससे पड़ेगा।

माँ : **(भीतर प्रवेश करके)** क्या है जी? कैसे बुलाया?

रामनरेश : देखो तो पूजा की माँ...अपने सुपुत्र मनोज को! नौकरी के इन्टरव्यू में जा रहे हैं, लेकिन सबसे छिपकर...जैसे कोई चोरी हो...

माँ : क्या नौकरी है?

रामनरेश : वैलफ़ियर ऑफ़ीसर की! पचीस हज़ार रुपया तनख़्वाह।

माँ : नौकरी तो अच्छी है। मेरा लड़का अफसर बनेगा। अरे सुनता है...**(पुकारते हुए)** शम्भू...**(फिर अपने आप से)** आज कौन दिन है?

रामनरेश : शुक्र।

शम्भू : **(भीतर से प्रवेश करते हुए)** हमें बुलाइन का, बहू जी?

माँ : हाँ, देख...शम्भू, ज़रा-सा दही ले आ। जा देख...स्टोर रूम में

गेहूँ के घड़े के ऊपर अलमारी में...तीसरे खाने में जो हँडिया है, उसी में रक्खा है।

शम्भू : अच्छा, बहूजी! **(शम्भू का घर के भीतर प्रस्थान)**

मनोज : माँ, दही का क्या होगा?

माँ : तू तो कुछ समझता ही नहीं।

रवि को पान, सोम को दर्पन।
मंगल को गुड़ खिलवाई।
बुध को धनिया, बीफे राई।
शूक कहे मोहे दही सुहाई।
शनी कहे जो अदरक पाऊँ,
रन को जीत तुरत ले आऊँ।

(पुकारते हुए) शम्भू, जल्दी कर!

शम्भू : **(प्रवेश कर)** लीजिए बहूजी। **(कटोरी में दही देता है।)**

माँ : और देख शम्भू...एक भरा घड़ा लेकर दुवार पर खड़ा हो जा। शुभ होता है। लो मनोज इसे खा लो।

मनोज : अच्छा माँ! **(दही खाकर)** देर हो जाएगी, माँ, अब चलेंगे...

पूजा : **(प्रवेश करते हुए)** भइया कहाँ जा रहे हो?

माँ : **(बिगड़कर)** जा रहे हैं तेरी ससुराल! पूजा, तू इतनी बड़ी हो गई, बी.ए. पास हो गई, मगर इतनी भी तमीज नहीं आई कि जब कोई जाता है तो उसे टोकना नहीं चाहिए। न जाने क्या पढ़ाते हैं यूनीवर्सिटी में? **(शम्भू भीतर से घड़ा लिए आता है और बाहर के दरवाजे के पास खड़ा हो जाता है।)**

मंटो : माँ जी...मुझे छींक आने वाली है। **(परेशानी से नाक-मुँह सिकोड़ता है।)**

माँ : **(क्रोध से भड़ककर)** ऐ लो मंटो, तुझे भी छींक इसी समय आने को रह गई थी!

मंटो : छींक आई...आई...आई...गई। गई माँ जी! **(सब हँसते हैं।)**

मनोज : तो अब चलूँ माँ!

रामनरेश : हाँ, लेकिन माँ को प्रणाम करो। बड़ों का आशीर्वाद सदैव सफलता देता है।

मंटो : **(चापलूसी के स्वर में)** और बाबूजी को भी प्रणाम करो मनोज!

बाबूजी सबसे बड़े हैं...उनका आशीर्वाद सबसे बड़ा होगा।

मनोज : बाबूजी प्रणाम!

रामनरेश : **(प्रसन्न होकर)** भगवान तुम्हारी सफलता का मार्ग प्रशस्त करें।

मनोज : चलो मंटो। **(बाबू रामनरेश मन्त्र पढ़ते हैं। मनोज मंटो घर के बाहर जाते हैं।)**

माँ : भगवान करे कि हमारे मनोज को नौकरी आज मिल जाए।

रामनरेश : नहीं पूजा की माँ, मेरी बेटी से कुछ न कहो– **(भावुकता से)** अब यह यहाँ रहेगी ही कितने दिन? कुछ ही दिनों में पराई हो जाएगी।

माँ : तभी तो और कहती हूँ कि तौर-तरीके सीख ले, नहीं तो ससुराल में जाकर नाक कटाएगी। लोग कहेंगे कि माँ ने कुछ नहीं सिखाया। **(पूजा तुनककर घर के भीतर चली जाती है।)**

रामनरेश : **(भावुकता से)** देखो, देखो...पूजा बेटी नाराज़ होके चली गई। मैं कहता हूँ पूजा की माँ, कुछ तो ख़्याल करो! उसके सामने ससुराल का नाम न लिया करो। उसे दुःख होता है।

माँ : दुनिया में सभी लड़कियाँ ससुराल जाती हैं। सभी को माँ-बाप छोड़ने पड़ते हैं। वह कोई अनोखी तो है नहीं!

रामनरेश : **(चिढ़ाते हुए)** पूजा की माँ, सबको तुम अपने जैसा समझती हो। जिस तरह तुम्हारे बाप-भाई तुम्हें प्यार नहीं करते थे, उस तरह तुम समझती हो...

माँ : **(बिगड़कर)** कौन कहता है कि मेरे बाप-भाई मुझे प्यार नहीं करते थे? मैं अपने बाप की दुलारी इकलौती बेटी थी! मेरी माँ बेचारी शादी के एक महीने पहले से ही रो-रोकर आँखें ख़राब किये ले रही थीं।

रामनरेश : आँखें ख़राब करे ले रहीं थीं! च् च् च्... अरे सचमुच आँखें ख़राब कर लेतीं तो हम कुछ समझते भी?

माँ : हटो भी, तुम बड़े वैसे हो! बाबू जी बेचारे तो शादी होते ही बीमार पड़ गए, फिर महीने भर उठ नहीं सके। मेरा भी रोते-रोते बुरा हाल था। शादी के एक हफ्ते पहले से मैंने खाना नहीं खाया था।

रामनरेश : **(बनावटी दुःख से)** तब तो तुम एकदम दुबली हो गई होगी,

एकदमी सींक-सी! सींक-सी दुबली तो तुम अभी हो, हालांकि वजन तुम्हारा सिर्फ दो मन तीस सेर होगा।

माँ : फिर वही! लड़की की शादी आजकल में होने वाली है, लड़के को नौकरी मिलने वाली है और तुम हो कि हर समय मजाक! हटो भी, बुढ़ापे में यह मजाक अच्छा नहीं लगता।

रामनरेश : अरे पूजा की माँ, बुढ़ापे में मज़ाक ही तो रह जाता है! **(रुककर)** मैंने तो अपनी शादी के एक हफ़्ते पहले से खूब खाया था, शायद तुम्हारा हिस्सा भी खा लिया करता हूँगा। फिर सिरमौर लगाकर ठाठ से घोड़े पर बैठकर आया था बरात में! आजकल के लोग तो मोटर में बैठकर जाते हैं।

माँ : मैंने छत से देखा था, सखियों से छुपकर।

रामनरेश : सच बताओ, कैसा लग रहा था मैं? जँच रहा था कि नहीं?

माँ : तुम तो ऐसे अकड़े बैठे थे, जैसे लड़ाई में जा रहे हो!

रामनरेश : तुम्हारी सब सखियाँ सोच रही थीं कि ऐसे छबीले दूल्हे से मेरी शादी क्यों नहीं हुई?

माँ : **(बिगड़कर)** हाँ-हाँ, वह तो सोच ही रहीं थीं। **(व्यंग्य से)** कभी सूरत देखी थी आईने में? **(दरवाजे पर दस्तक)**

रामनरेश : शायद, डाकिया आया।

माँ : हाँ, डाकिया ही होगा।

रामनरेश : बाबू भरोसेलाल की मंजूरी की चिट्ठी आई होगी। तो खिलाओ मिठाई! पूजा की शादी तय हो गई। **(पुकारते हुए)** शम्भू...शम्भू...**(शम्भू का उत्तर नेपथ्य से–"आया सरकार!")**

माँ : जितनी चाहे उतनी मिठाई खाओ। काम भी तो तुम्हें ही करना पड़ेगा! शहनाई वाले, बाजे वाले, हलवाई, दरजी, सुनार–अरे, लड़की की शादी कोई मजाक नहीं है।

शम्भू : **(प्रवेश करके)** जी सरकार!

रामनरेश : देखो शम्भू, बाहर डाकिया आया है, उससे चिट्ठी ले आओ।

शम्भू : जी अच्छा, सरकार!

(शम्भू का बाहर प्रस्थान)

माँ : पूजा के ब्याह और मनोज की नौकरी के लिए मैंने सतनारायन की कथा और देवी की चुनरी मानी थी। भगवान मेरी मनौती पूरी करें।

रामनरेश : मैं भी प्रसाद चढ़ाऊँगा। ये दो ही तो बच्चे हैं, इनका किसी तरह ठीक ठिकाना लग जाए, मैं तो वृन्दावन जाके साधू हो जाऊँगा।

(शम्भू का बाहर से प्रवेश)

रामनरेश : अरे शम्भू, चिट्ठी कहाँ है?

शम्भू : वह डाकिया नहीं रहा सरकार! वह तो बाबू अवध बिहारी का पता पूछता रहा, सो हम बता दिया।

रामनरेश : अच्छा जाओ। मैं समझा डाकिया था। बड़ा धोखा हुआ। पूजा की माँ, आजकल हिन्दुस्तान में दो बड़ी समस्याएँ हैं—लड़कों को नौकरी और लड़की की शादी। **(शम्भू का घर के भीतर प्रस्थान)**

माँ : अरे हमारे मनोज की नौकरी लग जाए और पूजा का ब्याह हो जाए तो हमें क्या पड़ी है सारे हिन्दुस्तान की!

रामनरेश : तुम्हीं देखो, पूजा की शादी के लिए छह महीनों से कितनी दौड़-धूप कर रहा हूँ...और मनोज की नौकरी—वह तो ऐसी है जैसे गूलर के फूल देखने की कोशिश। रोज़-रोज़ सर्टीफ़िकेट छपते हैं। अटेस्ट होते हैं, अख़बारों में वाण्टेड के कॉलम देखे जाते हैं, अर्ज़ियाँ जाती हैं—मगर सब बेकार।

माँ : भगवान ने चाहा तो आज उसे नौकरी मिल जाएगी। सेठ मानिकचन्द की लड़की नीला, पूजा की दोस्त है। उसके साथ बैडमिण्टन खेलती है।

रामनरेश : और इसे भी भाग्य ही कहो कि पूजा के लिए बाबू भरोसेलाल भरोसा दिला गए हैं।

माँ : मगर मुझे यह लड़का उतना पसन्द नहीं, जितना दूसरा था, जो कलेक्टरी के इम्तहान में बैठ रहा था।

रामनरेश : अरे पूजा की माँ, ये सब लड़के कलेक्टरी में सिर्फ़ इसलिए बैठ जाते हैं कि किसी अच्छी जगह ब्याह हो जाए। पढ़ता-लिखता कौन है इनमें! और फिर यह लड़का भी क्या बुरा है? सब-एडीटर है। पूजा की माँ, लड़का इन्टेलेक्चुअल है।

माँ : यह क्या होता है?

रामनरेश : इन्टेलेक्चुअल नहीं जानती तुम? यों समझो...यों समझो—इन्टेलेक्चुअल वे लोग होते हैं जिनका दिमाग़ भरा और पेट

ख़ाली होता है, जैसे पत्रकार, लेखक, कवि, आर्टिस्ट और मास्टर—(**रुककर**) और फिर आजकल लड़के मिलते ही कहाँ हैं? कितना मुश्किल है आजकल लड़कियों का विवाह करना—लड़के वाले तो दस-बीस लाख से कम माँगते ही नहीं—इसलिए मैं कहता था कि कम ख़र्च करो—किफायत से चलो।

माँ : लगे मुझे कहने, जैसे मैं सब ख़र्च कर डालती हूँ। तुम्हारे ही ख़र्च लगे रहते हैं। आज यह दोस्त है तो कल वह, इसकी ख़ातिरदारी तो उसकी मेहमानदारी—फिर सबके लड़कियाँ हैं, उनकी शादी में भेंट—तोहफ़े!

रामनरेश : क्या तुमने अपने भाई की शादी में तोहफ़े नहीं दिए?

माँ : (**बिगड़कर**) बस, मुझे यह पसन्द नहीं। मेरे इकलौते भाई की शादी भी तुम्हारी आँखों में खटकने लगी! मुझे नहीं मतलब आपकी गृहस्थी से! कसम है जो अब एक पैसा भी इस घर का लूँ।

रामनरेश : अरे रे—नाराज न हो, मैं तो सिर्फ एक बात कह रहा था। मेरा मतलब और कुछ तो था नहीं—तुम—तुम—मैं तो चाहता था कि कुछ किफ़ायत हो, इसी से 'कम ख़र्च कैसे करें' की किताब लाकर तुम्हें दी थी। लेकिन तुमने—(**बाहर से आवाज —रामनरेश बाबू!**)

माँ : आ गए आपके मित्र लोग, लगता है जैसे बिना आपसे मिले इनका खाना नहीं हजम होता।

रामनरेश : देखो पूजा की माँ, मुझे अपने दोस्तों के खिलाफ एक शब्द भी नहीं सुनना है। (**रुककर**) अच्छा भीतर से इनके लिए पान-सिगरेट भेज देना।

माँ : सिगरेट और पान बन्द।

रामनरेश : (**चौंककर**) क्यों? क्यों?

माँ : किफायत।

रामनरेश : किफायत! कैसी किफायत?

माँ : आप ही ने 'कम ख़र्च कैसे करें' की किताब लाकर दी है, यह उसी का पहला पाठ है।

रामनरेश : हैं? उसका पहला पाठ है! लेकिन...लेकिन...(**बाहर से आवाज-रामनरेश बाबू!**)

रामनरेश : आया जी-अभी आया! **(पत्नी से)** लेकिन सुनो तो...

माँ : सुनना-सुनाना कुछ नहीं। आप ही कहते हैं कि मैं किफायत नहीं करती। बस, मैं यही कर रही हूँ।
(प्रस्थान घर के भीतर)

रामनरेश : उँह चली गई। **(बाहर से आवाज आती है-रामनरेश बाबू!)**

रामनरेश : आया-आया **(बाहर का दरवाजा खोलकर)** अरे तुम हो कन्हैयालाल, अरे आओ भाई-आओ आओ!

कन्हैयालाल : **(प्रवेश करके)** क्या कर रहे थे?

रामनरेश : अजी कर क्या रहा था-अन्धेर हो गया-अन्धेर!

कन्हैयालाल : ख़ैरियत तो है!

रामनरेश : ख़ैरियत की न पूछो, तभी बेहतर है। ठीक से बैठ जाओ। देखो न यह पेटीकोट सरकार की एकदम ज़्यादती है, अन्याय है। मैंने 'कम ख़र्च कैसे करें' नाम की किताब पूजा की माँ को लाकर दी। सोचा कि उस किताब को पढ़कर शायद वह कुछ किफायत करे। मगर भाई साहब, मियाँ की जूती मियाँ की चाँद! अपने खर्चे में तो कोई कमी आई नहीं, लेकिन मेरी सिगरेट और पान दोनों बन्द। अब आप पूछते हैं–ख़ैरियत तो है!

कन्हैयालाल : अरे साहब, इन सब औरतों का यही हाल है। असल बात तो यह है कि इनको स्वयं तो कमाना पड़ता नहीं है। बचपन में माँ-बाप, बड़े होने पर पति, और बुढ़ापे में बेटे। अब आप ही बताइए, ये सब कैसे जानें रुपये की क़ीमत? उसे तो धूल समझकर उड़ाती हैं।

रागनरेश : आजकल तो साहब, लिपस्टिक, पाउडर, रूज़-ऊज़ न जाने क्या-क्या निकला है, जिनका कि मैं नाम भी नहीं जानता।

कन्हैयालाल : अरे भाई, दूर क्यों जाते हो! अपनी भाभी-यानी मेरी पत्नी ही को लो। नाम है आपका–लक्ष्मी। मैंने सोचा, चलो अच्छा है। नाम का कुछ तो असर होगा ही, मगर साहब, भगवान की कुछ ऐसी उल्टी कृपा हुई कि छः लक्ष्मियाँ और आ गई।

रामनरेश : छः! तब तो वाक़ई में समस्या होगी। मेरे तो भगवान की कृपा से एक ही लड़की है, लेकिन उसके लिए बाबू भरोसेलाल भरोसा दिला गए हैं।

कन्हैयालाल : बाबू रामनरेश साहब, आप क्या समझते हैं, लड़कियों की शादी करना बच्चों का खेल है? और फिर साहब, आजकल के लड़कों के तो मिजाज़ ही नही मिलते। चाहते हैं कि लड़की एकदम हूर हो।

रामनरेश : इस सिनेमा ने सबके दिमाग़ ख़राब कर दिए हैं। सिनेमा देख-देखकर सब लड़के चाहते हैं कि लड़की...क्या नाम है **(याद करते हुए)** याद आया—लड़की एकदम मरलिन मनरो हो।

कन्हैयालाल : जी हाँ, सब सिनेमा का ही असर है। तो मैं कह रहा था कि लड़के चाहते हैं कि लड़की—क्या नाम बताया आपने?

रामनरेश : मरलिन मनरो ।

कन्हैयालाल : मरलिन मनरो -जी हाँ, लड़के चाहते हैं कि लड़की वह हो और ऊपर से दहेज पाँच लाख रुपया हो। यही नहीं जनाब और सुनिए-लड़की एम.ए. पास हो और उमर सिर्फ 15 साल हो! अब आप ही बताइए कि एम.ए. के सोलह साल होते हैं, तो वह पहला दरजा क्या पेट से पास करके आए?

रामनरेश : **(मुस्कराकर)** इस सवाल का जवाब तो वाक़ई मुश्किल है।

कन्हैयालाल : पिछली दफ़े का हाल सुनिए, जब मैं अपनी बड़ी लड़की की शादी तय करने बलिया गया था। लड़के का बाप निहायत ही काइयाँ इन्सान था। मुझसे बोला—बाबू कन्हैयालाल, हमें न सामान चाहिए, न रुपया। हम तो इन्सान देखते हैं और उसका दिल। आप आला ख़ानदान के हैं, हम तो आपकी सज्जनता पर लट्टू हैं। अगर आप दहेज़ में कंकड़-पत्थर भी दे देंगे तो हम सर—आँखों पर रख लेंगे।

रामनरेश : बातें तो बड़ी अच्छी करता था!

कन्हैयालाल : बात ही बात थी। मैंने कहा—ऐसी बातें क्यों कहते हैं? जब सब कुछ आपने हमारे ऊपर छोड़ दिया है तो कंकड़-पत्थर क्यों, जहाँ तक होगा वहाँ तक मैं जान लड़ाकर सोना-चाँदी दूँगा और फिर सबसे बढ़कर हीरा जैसी बेटी कन्यादान में दूँगा।

रामनरेश : तब वह क्या बोला?

कन्हैयालाल : तब वह कहने लगा—कन्यादान तो संसार का सबसे बड़ा दान

है। जब आप यह दे रहे हैं तो मैं अपना लड़का ही आपको दे दूँगा। लेकिन हाँ, लड़का विलायत जाना चाहता है, उसमें पाँच लाख रुपये लगेंगे। जब वह आपका ही लड़का हो गया तो आप उसकी इच्छा पूरी करेंगे ही। और उसकी अब तक की पढ़ाई में दस लाख रुपये मकान गिरवी रखकर ख़र्च किए हैं। जब मैंने आपको अपना लड़का ही दे दिया तो आप मेरा मकान छुड़वा ही देंगे।

रामनरेश : पाँच और दस—कुल पन्द्रह लाख रुपया!

कन्हैयालाल : यही नहीं, इनके अलावा, लड़के के चाचा, भाई, बाबा, नाना, मामा इन सबकी आशाएँ और उम्मीदें। चूँकि उन्होंने मुझे वह लड़का दे ही दिया है, इसलिए मैं सबकी आशाएँ पूरी करूँगा।। इस तरह कुल मिलाकर दस लाख की चोट थी। मैंने कहा—मैं सब कुछ दे दूँगा। लड़के के विलायत जाने का खर्चा, आपके गिरवी रखे मकान को छुड़ाने का रुपया और बाबा, चाचा, नाना और मामा-सबका। मैं सब कुछ दूँगा अगर आप सिर्फ एक चीज़ देने का वायदा करें। वह बोला—क्या? मैंने कहा-एक कटोरा और एक डंडा ताकि मैं सड़क पर भीख माँग सकूँ।

रामनरेश : **(हँसकर)** भई वाह कन्हैयाला, तुमने कहा खूब! फिर उसने क्या जवाब दिया?

कन्हैयालाल : जवाब क्या देता? अपना-सा मुँह लेकर चुप हो गया।

रामनरेश : वाक़ई साहब! बड़ी परेशानी है। ख़ैर मेरे तो एक ही लड़की है। उसके लिए बाबू भरोसेलाल भरोसा दे गए हैं।

कन्हैयालाल : **(दिलचस्पी से)** क्या कहा बाबू रामनरेश, पूजा बेटी की शादी तय हो गई?

रामनरेश : तय तो नहीं, तय ही समझिए। मेरा मतलब है—एक तरह से तय ही हो गई है। बाबू भरोसेलाल अच्छे आदमी हैं। वह भरोसा दे गए हैं कि जाते ही मंज़ूरी की चिट्ठी भेजेंगे।

कन्हैयालाल : यह बाबू भरोसेलाल कौन हैं?

रामनरेश : लड़के के चाचा।

कन्हैयालाल : लड़का क्या करता है?

रामनरेश : लड़का लखनऊ में एक अख़बार में सब-एडीटर है। देखने-सुनने में अच्छा ख़ासा है। लड़की को सुख से रखेगा।

कन्हैयालाल : अरे, और चाहिए क्या! लड़की को सुख से रखे। **(धीमे स्वर में)** लड़के ने लड़की की फ़ोटो देख ली है?

रामनरेश : फ़ोटो! लगता है बाबू कन्हैयालाल, आपको अब भी अपना ज़माना याद है। अरे साहब, वह ज़माने लद गए, जब जहाँ भी बाप तय करते थे वहाँ आँखें बन्द करके शादी कर लेते थे। आजकल के लड़के तो फ़ोटो सबसे पहले देखते हैं। **(रुककर)** फ़ोटो ही से सब्र हो जाए तो भी ठीक है। कहेंगे—लड़की को मैं खुद देखूँगा—इन्टरव्यू करूँगा।

कन्हैयालाल : इन्टरव्यू! बहुत खूब! अभी तक नौकरी का ही इन्टरव्यू सुना था, शादी का भी शुरू हो गया। गोया की शादी भी नौकरी हो गई।

रामनरेश : मैं क्या बताऊँ आपको! तरह-तरह के पोज़ों में लड़की के फ़ोटो खिंचवाए! बीसियों जगह उनको भेजा, लेकिन कहीं से कोई नुक़्स निकल आता है, तो कहीं से दूसरा। इसके अलावा जन्मपत्री का दूसरा रोना है। कहीं बीस गुण, तो कहीं बाईस गुण, कहीं सब अवगुण। मैं तो परेशान हो गया।

कन्हैयालाल : यह जो एक ग़लती हमने और आपने की थी, उसी की सजा है।

रामनरेश : कौन-सी ग़लती?

कन्हैयालाल : शादी! दुनिया की सबसे बड़ी ग़लती है—शादी। न शादी करते और न यह मुसीबत मोल लेते!

रामनरेश : हाँ साहब, वाक़ई ग़लती हो गई। शादी सचमुच सबसे बड़ी ग़लती है। फिर उन जैसी लड़की से शादी-भगवान बचाए—एकदम डिक्टेटर हैं। उनके डर से तो भूत भागते हैं! **(उसीसमय भीतर दरवाजे की कुण्डी जोर से खटकती है)** अरे कहीं उन्होंने सुन तो नहीं लिया?...नहीं—मैं यह कह रहा था कन्हैयालाल कि तुम्हारी भाभी का स्वभाव ऐसा मीठा है जैसे शहद। **(कुण्डी फिर खटकती है, तो पुकारकर)** कौन-पूजा की माँ—तुम हो? ये कन्हैयालाल आए हैं-और यह तुमसे नमस्ते कहते हैं।

कन्हैयालाल : भाभी जी नमस्ते!

रामनरेश : देखो कन्हैयालाल, मैं अभी तुम्हारी भाभी के स्वभाव की

कितनी प्रशंसा कर रहा था!

कन्हैयालाल : हाँ, बाबू रामनरेश कह रहे थे कि भाभी का मुक़ाबिला दुनिया में नहीं है।

रामनरेश : एकदम सच है! सुनती हो-ज़रा बाबू कन्हैयालाल के लिए पान भिजवा दो। **(रुककर)** शायद गई। **(सोचकर)** अगर कहीं सुन लिया होगा तो सचमुच अपनी तो मुसीबत है।

कन्हैयालाल : बाबू रामनरेश, यह तो विवाहित जीवन का गहना है। मेरा तो जिस दिन पत्नी से झगड़ा नहीं होता, मैं समझता हूँ वह दिन अधूरा रह गया। हटाओ इसे-यह बताओ, लड़का पूजा बेटी को देख गया?

रामनरेश : नहीं, लड़के ने तो सिर्फ फ़ोटो देखी है, लेकिन उसके चाचा बाबू भरोसाल देख गए हैं, और वह भरोसा दे गए हैं कि पूजा बेटी उन्हें पसन्द है। घर जाते ही मंजूरी की चिट्ठी भेज देंगे।

शम्भू : **(भीतर से प्रवेश करते हुए)** बहू जी आपको बुलावत हैं, सरकार!

रामनरेश : बहू जी! **(घबराकर)** कह दो उनसे कि थोड़ी देर बाद आएँगे। बाबू कन्हैयालाल आने ही नहीं दे रहे हैं-हाँ, उनसे कह दो कि पान नहीं चाहिए—जाओ। **(बाहर दरवाजे पर दस्तक)** देखो शम्भू, शायद पोस्टमैन आया है।

सैयद महमूद : **(बाहर से ही)** पोस्टमैन नहीं आया क़िबला...**(प्रवेश करते हुए)** यह मैं हूँ सैयद महमूद।

रामनरेश : तुम हो भाई? माफ़ करना। मैं समझा-पोस्टमैन।

सैयद महमूद : ओ हो, बाबू कन्हैयालाल भी यहीं हैं! मियाँ यह पोस्टमैन की याद कैसे सता रही है? बाबू रामनरेश साहब, क्या भाभीजान मायके में हैं?

रामनरेश : **(हँसकर झेंप मिटाते हुए)** नहीं नहीं बात यह है कि मेरी लड़की पूजा की शादी को लड़के के चाचा बाबू भरोसेलाल भरोसा दिला गए हैं कि जाते ही मंजूरी की चिट्ठी डालेंगे—सो उन्हीं की चिट्ठी का इन्तज़ार कर रहे हैं।

सैयद महमूद : बड़ी खुशी की बात है। और साहबज़ादे—क्या नाम है उनका, खुदा उन्हें उम्र-दराज़ करे, मनोज साहब के क्या हालचाल हैं?

रामनरेश : वह आपकी इनायत से अच्छा है। आज उसकी नौकरी का

इण्टरव्यू है। भगवान ने चाहा तो नौकरी मिल जाएगी।

सैयद महमूद : बड़े खुशक़िस्मत हो यार! लड़के की नौकरी—और लड़की की शादी। म्याँ खुदा का ख़ास साया है तुम्हारे ऊपर!

रामनरेश : सब आप ही लोगों की मेहरबानी है।

सैयद महमूद : मेरे साहबज़ादे सलीम के हाल सुनिए। बी.ए. में चार साल से फ़ेल हो रहे हैं—क्या उम्मीद करूँ उनसे?

रामनरेश : उसे समझा दीजिए सैयद महमूद साहब! लड़का वह बड़ा अच्छा है।

सैयद महमूद : ख़ाक अच्छा है! यह सब सोहबत का नतीजा है। न पढ़ाई में अच्छे, न खेल-कूद में। अरे, किसी में न सही, नाच-गाने में ही अच्छे होते तो सब्र होता! अरे किसी चीज़ में महारत हासिल करो—मगर वह सबमें गोल हैं। सिनेमा देखेंगे, कॉफ़ी हाउस में बेकार घंटों बैठे रहेंगे और टाई लगाकर सिविल लाइन्स में टहलेंगे। गोया जिन्दगी बहुत बड़ा क्लब है, जिसमें कोई काम है ही नहीं। निकम्मे! कामचोर!

रामनरेश : यह तो चिन्ता की बात है।

सैयद महमूद : और सुनिए—आज के नए ज़माने में ये दो चीज़ नई पैदा हो गई हैं—एक मोहबबत, दूसरा मूड। लाहोलविलाकूवत! हम लोगों के ज़माने में तो यह कुछ था ही नहीं। आजकल जिसे देखिए, मोहब्बत और मूड मे मरज में मुब्तिला है। **(सब हँसते हैं)**

रामनरेश : मुझे तो अक्सर आजकल के नौजवानों को देखकर दुःख होता है।

सैयद महमूद : खुदा का नाम लीजिए रामनरेश साहब! इन लोगों को आप जवान कहते हैं—सींक से बदन वालों को? टिटहरी जैसे! लाहोलविलाकूवत—एक फूँक मारिए तो उड़ जावें। सच पूछिए बाबू रामनरेश साहब, और बाबू कन्हैयालाल साहब, आज के ज़माने में सिर्फ दो चीज़ें होती हैं—बचपन और बुढ़ापा! जवानी नाम की चीज़ तो अब होती ही नहीं।

कन्हैयालाल : नहीं, आप ग़लत कह रहे हैं। आजकल जैसे इन एटमबमों की वजह से मौसम का कुछ ठीक नहीं, कि कब जाड़ा पड़ने लगे और कब गरमी हो जाए—इसी तरह जवानी का ठीक नहीं

कि किस उमर में आए। मिसाल के तौर पर सैयद महमूद साहब, जवानी आपको...बुढ़ापे में आ रही है।

सैयद महमूद : **(नाराजगी से)** क्या मतलब, बाबू कन्हैयालाल?

कन्हैयालाल : **(रामनरेश से)** बाबू रामनरेश, ज़रा सैयद महमूद साहब की दाढ़ी देखिए। लगता है जैसे पूनों का चाँद तार-तार होके दाढ़ी बन गया है, और पूछिए मुन्ना कै महीने का है?

सैयद महमूद : मुझे यह मज़ाक क़तई पसन्द नहीं।

कन्हैयालाल : पसन्द कैसे आए? सच कह दिया! आप ही जैसे लोगों की वजह से हिन्दुस्तान में इतनी मुसीबतें हैं—फूड प्रोब्लम, बेकारी, महँगाई—और आप हैं कि हिन्दुस्तान की आबादी बेशुमार बढ़ाए जा रहे हैं।

सैयद महमूद : ओह भाई रामनरेश, मुझे अचानक एक काम याद आ गया। चलता हूँ फिर आऊँगा...

रामनरेश : थोड़ी देर और बैठिए।

सैयद महमूद : नहीं भाई चलूँगा। बड़ा ज़रूरी काम है। अच्छा आदाब अर्ज़! **(उठकर घर से बाहर जाता है)**

कन्हैयालाल : शायद मेरी बातों का बुरा मान गए मौलाना। मेरी बला से! अपने लड़के को बुरा-भला कह रहे थे। अब बताइए, वह ख़राब क्यों न होगा? कभी उसकी ओर ध्यान दिया है? अपनी शादियों से फ़ुरसत मिले तो ध्यान दें। यह चौथा निकाह है मौलाना का! बाप बनना आसान है, लेकिन उसकी ज़िम्मेदारी निभाना आसान नहीं है। लड़कों की ज़्यादातर कमियों के लिए ज़िम्मेदार उनके माँ-बाप होते हैं। अच्छा अब चलूँगा। **(उठकर खड़े होते हैं)**

रामनरेश : अरे थोड़ी देर तो और बैठो! पान-वान...?

कन्हैयालाल : पान-वान का झंझट छोड़ो। फिर कभी खाएँगे। लेकिन इस समय तो जाने ही दो। **(हँसकर)** और फिर भाभी का भी...

रामनरेश : चलो तुम्हें बाहर तक पहुँचा दूँ। **(बाहर के दरवाजे तक पहुँचाकर लौटता है।)**

रामनरेश : **(पुकारते हुए)** शम्भू! शम्भू, इधर तो आना!

शम्भू : **(प्रवेश करके)** जी सरकार!

रामनरेश : खाने का इन्तज़ाम करो। **(बाहर के दरवाजे पर दस्तक)** देख

शम्भू बाहर कौन है?

(शम्भू बाहर जाकर दो चिट्ठियाँ लेकर आता है।)

शम्भू : ये चिट्ठियाँ आई हैं सरकार!

रामनरेश : **(खुश होकर)** अब की तो सचमुच डाकिया ही है– यह बाबू भरोसेलाल की चिट्ठी है। **(पुकारते हुए)** पूजा की माँ! पूजा की माँ!!

पूजा : **(भीतर से प्रवेश करके)** माँ पूछ रही हैं कि क्या बात है?

रामनरेश : देखो पूजा, जल्दी से अपनी माँ को भेज दो। कह दो बड़ा ज़रूरी काम है। हाँ, और देखो पूजा, एक चिट्ठी तुम्हारे नाम है।

(पूजा चिट्ठी लेकर भीतर जाती है।)

माँ : **(भीतर से प्रवेश करके)** क्या बात है?

रामनरेश : हे भगवान, तेरा लाख-लाख शुक्रिया। देखो भगवान ने हमारी सुन ली। बाबू भरोसेलाल की चिट्ठी है। मैं कहता था न—बाबू भरोसेलाल भरोसा दिला गए हैं।

(चिट्ठी का लिफाफा फाड़ता है)

माँ : देखो जी, देवी को चुनरी चढ़ाना और सत्यनारायण की कथा कहना न भूलना! नहीं तो लीलावती और कलावती की कहानी तो तुम जानते ही हो!

रामनरेश : बस फ़िक्र मत करो, पूजा की माँ! भगवान यह दिन दिखा रहा है तो मैं किसी तरह की कमी नहीं करूँगा। **(चिट्ठी पढ़ता है)**

माँ : कौन-सी तारीख लिखी है? भई, मैं तो शादी जाड़े में ही करूँगी। गर्मियों में तो लू-लपट—और सब तरह की तकलीफ...

रामनरेश : **(क्रोध से)** नालायक़ गधे...बेईमान हैं...

माँ : क्या हुआ जी? क्या हुआ? कुछ तो बताओ!

रामनरेश : क्या बताएँ? बहाना करते हैं। लिखा है—भाई साहब अभी शादी के लिए तैयार नहीं हैं। लड़का मना करता है। धोखेबाज़ **(मुँह बनाते हुए)** भरोसेलाल जी भरोसा दिला गए थे!

माँ : हे भगवन, अब क्या होगा?

रामनरेश : **(क्रोध से)** मैं तो पहले ही समझ गया था कि सब रंगे सियार हैं। बातों की चिकनी मखमल में मतलब की छुरी रखते हैं। **(बाहर खटखटाहट की आवाज)** कौन है?

मंटो : **(नेपथ्य से)** मैं हूँ मंटो! अन्दर आ जाऊँ?

रामनरेश : आ जाओ। **(मंटो का बाहर से प्रवेश)** क्या है?

मंटो : **(प्रवेश करके)** यह चिट्ठी है।

रामनरेश : लाओ देखूँ। **(चिट्ठी पढ़कर)** मंटो, यह सलाह तुमने मनोज को दी होगी?

मंटो : जी!

रामनरेश : आख़िर को तो दोस्त हो। दोस्त ही अपने दोस्त के भले के लिए सलाह देता ही है।

मंटो : जी हाँ, यह सलाह मैंने ही दी थी। आख़िर दोस्त होने पर यह मेरा फ़र्ज़ ही था। आप वैसे तो आज्ञा देते नहीं, इसलिए मैंने सोचा कि जब नीला और मनोज, मनोज और नीला एक-दूसरे से...

रामनरेश : **(जैसे भूकम्प फूट पड़ा)** निकल जाओ...!

मंटो : **(इधर-उधर देखते हुए)** यहाँ तो कोई नहीं है! आप किससे कह रहे हैं—निकल जाओ?

रामनरेश : तुमसे! निकल जाओ!

मंटो : मुझसे? अच्छा मैं निकला जा रहा हूँ। **(प्रस्थान बाहर)**

माँ : **(विमूढ़-सी)** क्या है? क्या है यह सब?

रामनरेश : सुना तुमने, तुम्हारे मनोज नौकरी करने नहीं, शादी करने गए हैं। कह रहे थे कि सेठ मानिकचन्द की फ़र्म में नौकरी है...झूठा! उनकी लड़की नीला से कचहरी में जाकर सिविल मैरिज कर ली है। लिखते हैं—पिता जी यदि आप क्षमा कर देंगे और आग्रह करेंगे तो हम लोग वैदिक रीति से दोबारा विवाह कर लेंगे।

माँ : मनोज ने ब्याह कर लिया, बिना माँ-बाप को बताए? **(बैठते हुए)** क्या ज़माना आ लगा है—हे भगवान!

रामनरेश : शादी पूजा की होने वाली थी, ख़ुद शादी करके बैठ गया। नौकरी की कोई चिन्ता नहीं! अब बहू को और लाके बिठा देगा हम लोगों के सिर।

(पूजा का भीतर से प्रवेश)

पूजा : बाबू जी, आप भाभी की कोई फ़िक्र न करें, और न मेरे लिए ही कोई चिन्ता कीजिए। मैंने कुछ दिनों पहले नौकरी के लिए

एप्लाई किया था, वह नौकरी मुझे मिल गई है। यह देखिए, अपाइन्टमेंट लैटर।

माँ : ऐं-क्या? पूजा तूने नौकरी कर ली? हे भगवान! **(बेहोश होकर गिरती है)**

रामनरेश : **(घबराकर)** अरे दौड़ो! पानी लाओ! यह तो बेहोश हो गईं।

(यवनिका)

जहाँगीर ने कहा था

पात्र

रंजीत : 27-28 साल का नवयुवक।
डॉली : रंजीत की पत्नी।
धीर : रंजीत का मित्र।

प्रथम दृश्य

समय : वर्तमान।

स्थान : रंजीत का उच्चवर्गीय ड्राइंग-रूम। इस कमरे में दो दरवाजे हैं। एक दरवाजा घर के बाहर खुलता है तथा दूसरा घर के भीतर।

प्रारंभ : ***पर्दा खुलने पर, बाहर वाले दरवाजे के निकट, कुर्सी डाले डॉली बैठी बुनाई कर रही है। उसके हाथों की गति से लगता है कि वह क्रोधित है। बार-बार दरवाजे को देखती है। थोड़ी देर बाद नेपथ्य में कार रुकने की आवाज आती है।***

(बाहर से रंजीत का प्रवेश)

रंजीत : ओह डॉली, तुम!

डॉली : हाँ हाँ मैं। तुम चौंक क्यों गए, मुझ को देखकर?

रंजीत : यही कि दरवाजे पर ऐसे बैठी हो जैसे चौकीदारी कर रही हो।

डॉली : चोर को सब चौकीदार ही नज़र आते हैं। तुम्हारी घड़ी कहाँ है?

रंजीत : क्यों? मेरे हाथ में है।

डॉली : घड़ी फ़ैशन के लिए लगाई जाती है या कभी देखी भी जाती है? क्या बजा है?

रंजीत : छै, **(अचानक प्रश्न का अर्थ समझकर)** आज ज़रा दफ़्तर में देर हो गई।

डॉली : कोई नया बहाना करो। **(रुककर)** आज तुमने दफ़्तर कितने बजे छोड़ा था?

रंजीत : मैंने?

डॉली : मैं बताती हूँ चार बजे छोड़ा था और अब छः बजे हैं, जब तुम वापिस घर आ रहे हो।

रंजीत : मैं घूमने नहीं गया था। वहाँ से चीफ़ इंजीनियर के दफ़्तर गया था।

डॉली : तो तुम सीधे चीफ़ इंजीनियर के दफ़्तर से आ रहे हो?

रंजीत : और नहीं तो क्या?

डॉली : तुम्हारे जैसा झूठा आदमी इस दुनिया में नहीं मिलेगा। मैं सब जानती हूँ, लेकिन मैं तुम्हारे मुँह से सुनना चाहती हूँ।

रंजीत : कह तो दिया एक बार। बार-बार मेरा दिमाग़ क्यों चाट रही हो!

डॉली : तुम नहीं मानोगे, तो सुनो। चार बजे तुम अपने दफ़्तर से चलकर चार बजकर पाँच मिनट पर चीफ़ इंजीनियर के दफ़्तर पहुँचे। वहाँ बीस मिनट तक रुककर तुम चार बजकर पच्चीस मिनट पर चल दिए। पाँच बजे तुम्हारी मोटर कॉफ़ी हाउस पर देखी गई।

रंजीत : **(चापलूसी में)** कमाल है, डॉली डार्लिंग, कमाल है। तुमको तो सरकार के जासूस विभाग का हैड बनाना चाहिए।

डॉली : टेलीफ़ोन से मैंने सब पता लगा लिया।

रंजीत : लेकिन यह कैसे पता लगा कि मैं कॉफ़ी हाउस गया हूँ?

डॉली : मेरी एक सहेली के मकान से कॉफ़ी हाउस दिखाई पड़ता है। उसने अपने घर से वहाँ तुम्हारी मोटर खड़ी देखी और मुझे तुरन्त फ़ोन किया।

रंजीत : बहुत खूब! इसके माने ये हुए कि आप अकेली जासूस नहीं हैं, बल्कि जासूसों के दल की सरदार हैं। सारे शहर में आपके सहयोगियों का जाल है। हिटलर के गेस्टापो के बाद आपका ही जासूस दल है।

डॉली : आख़िर आप झूठ किसलिए बोलते हैं?

रंजीत : इस उम्मीद में कि पकड़ा नहीं जाऊँगा।

डॉली : आज तो पकड़े गए!

रंजीत : दस दिन में यदि एक दिन पकड़े भी जाएँ तो क्या होता है।

डॉली : **(आहत)** क्या? तो आप हर रोज़ झूठ बोलते हैं। आपको शर्म नहीं आती? पत्नी से झूठ बोलते हैं।

रंजीत : यह किस किताब में लिखा है कि पत्नी से झूठ नहीं बोलो और अगर बोलो तो शर्माओ।

डॉली : चोरी और फिर सीनाज़ोरी! एक तो झूठ बोलते हैं और बजाए इसके कि शर्माएँ उल्टा मुझको धौंस देते हैं। शराफ़त भी कोई चीज़ है। मैं बीवी नहीं, नौकरानी हूँ, जिसे अपने खाने, कपड़े और घर के इन्तज़ाम के अलावा किसी चीज़ से कोई मतलब नहीं। अगर मैं कुछ पूछने या जानने की कोशिश करूँ तो मेरी गुस्ताख़ी है।

रंजीत : तुम तो नाराज़ होने लगीं।

डॉली : मैं आपसे कुछ नहीं पूछूँगी। आप जहाँ चाहें जाइए, जो चाहे कीजिए। कभी नहीं पूछूँगी।

रंजीत : तुम तो सचमुच नाराज़ हो गईं। लो भाई, क़सम खाई। उधर घड़ी पाँच बजाएगी, इधर मैं सीधा घर को चल दूँगा...चलो उठो, उठो न, अभी धीर आता होगा।

डॉली : क्यों?

रंजीत : मुझको लिवाने। आज हम लोगों का, दोस्तों का पुराना गुट इकट्ठा होगा।

डॉली : **(एकदम क्रोध से)** अगर वह आएँगे तो नौकर से निकलवा दूँगी। आप नहीं जाएँगे। आपको नहीं जाना है, समझे।

रंजीत : जाना तो है ही।

डॉली : तो जाइए। जाना था तो आए ही क्यों? जाइए, बाहर ही रहिए। घर के भीतर आने की कोई ज़रूरत नहीं। **(घर के भीतर जाकर दरवाजा बन्द करती है)**

रंजीत : **(दरवाजा खटखटाते हुए)** डॉली! दरवाजा खोलो! दरवाजा खोलो। **(दरवाजा खटखटाता है)**

(धीर का बाहर से प्रवेश)

धीर : यह क्या रंजीत! अभी तक तुम तैयार नहीं हुए। चलना नहीं है क्या?

रंजीत : हमारी श्रीमती जी का पारा आसमान पर है। एक तो देर से

आज घर आया, फिर जाने को कहा, तो जैसे आग में घी पड़ गया। अन्दर से दरवाजा बन्द कर लिया है।

धीर : तभी तुम यहाँ बाहर के कमरे में अब तक हो?

रंजीत : क्या करूँ? मैंने कहा धीर लिवाने आएगा, तो बोली उसे नौकर से निकलवा दूँगी।

धीर : बाप रे बाप! तो मैं नौकर से निकलवाया जाऊँगा।

रंजीत : इसीलिए कहता हूँ जल्दी यहाँ से चले जाओ।

धीर : अगर यह बात है रंजीत, तो अपने राम भी आज नहीं हटेंगे यहाँ से।

रंजीत : क्यों अपने सर शामत मोल लेते हो धीर, साथ साथ मुझे भी मुसीबत में डालोगे।

धीर : अच्छा है, थोड़ा शुगल रहेगा।

डॉली : **(दरवाजा खोलकर प्रवेश करते हुए)** मैं इस रामलाल को एक मिनट और नौकर नहीं रख सकती। आज ही इसका हिसाब कीजिए।

धीर : भाभी जी नमस्ते।

डॉली : ओह धीर भाई! तो आप आ गए? इनको बुलाने?

रंजीत : चलो बच्चू धीर, अब तुम्हारा नम्बर है।

धीर : बुलाने आने वाला था लेकिन अब नहीं आया हूँ।

डॉली : तब आप कैसे आए हैं?

धीर : यह कहने आया हूँ कि मैं न जा सकूँगा। रंजीत अकेला चला जाए।

डॉली : आप क्यों नहीं जा रहे हैं?

धीर : बात यह है कि मेरी पत्नी ने मना कर दिया है। इसलिए नहीं जा रहा हूँ।

डॉली : पत्नी ने मना कर दिया और आप मान गए?

धीर : मानता कैसे नहीं? पत्नी तो आख़िर पत्नी है—धर्मपत्नी।

डॉली : सुनते हैं, धीर भाई की पत्नी ने मना किया और यह बेचारे नहीं जा रहे हैं।

रंजीत : बेचारे!

डॉली : और एक आप हैं जो महाभारत करने पर उतारू हो जाते हैं।

धीर : यह तो बड़ी ख़राब बात है रंजीत! भाभी का कहना तुम्हें

मानना चाहिए।

डॉली : धीर भाई आप चाय पीजिए।

धीर : नहीं, चाय पीकर आया हूँ। **(रंजीत से)** तुम कितने भाग्यवान हो रंजीत, जो भाभी जी जैसी कुशल और योग्य पत्नी मिलीं। इनका तो तुमको मान करना चाहिए।

डॉली : भाई साहब, चाय तो आपको पीनी ही पड़ेगी और हाँ, कल बड़े मामा आगरे से पेठा और दालमोठ लाए हैं वह भी आपको खाने पड़ेंगे। **(जाते हुए)** बस, एक मिनट में चाय लाई। **(प्रस्थान घर के भीतर)**

रंजीत : धीर, तुम तो बड़े उस्ताद हो, लगे हाँ में हाँ मिलाने।

धीर : हाँ में हाँ न मिलाता, तो नौकर से धक्के खाता। मुझे तो दालमोठ और पेठा खाना ज़्यादा पसन्द है।

रंजीत : एक दिन की बात हो तो मैं भी फुसला लूँ मगर यार यहाँ तो चौबीस घण्टों की मुसीबत है। **(मेज से डॉली की तस्वीर उठाकर)** यह डॉली की शादी से पहले की तस्वीर हैं। यह तस्वीर मेरी पसन्द के लिए भेजी गई थी।

धीर : तस्वीर अच्छी है।

रंजीत : कभी इस तस्वीर को देखकर लगता है कि नाजुक कली-सी इस तस्वीर वाली के दिमाग़ में एटम बम्ब है!

धीर : तुम बड़े मज़ेदार हो रंजीत।

रंजीत : और कली-सी नाजुक लड़कियाँ शादी के बाद अपने असली रूप में आती हैं...पति की पर्सनलिटी को धीरे-धीरे तब तक तोड़ना, जब तक वह बिल्कुल नष्ट न हो जाए, अपना प्रथम कर्त्तव्य समझती हैं।

धीर : मेहमूद ग़ज़नवी की तरह बुतशिकन।

रंजीत : शादी के दो-तीन साल बाद किसी भी आदमी को देख लो, क्या रह जाता है उसमें! बीवियाँ इस बीच मारपीट कर एकदम घरेलू बछिय सा बना लेती हैं।

धीर : आज तो रंजीत यार, तुमको बला की ब्रेन-वेव आ रही है।

रंजीत : अगर किसी पति ने इसका विरोध किया, उसने पत्नी के सामने अपनी पर्सनालिटी बचाए रखने की कोशिश की, तो बस, महायुद्ध-महाभारत।

धीर : पतियों के झण्डे को तुम थामे हो, बीवियों के आगे गिरने नहीं दिया, इसके लिए तो तुम्हें परमवीर चक्र मिलना चाहिए।

रंजीत : मज़ाक छोड़ो। इस रोज़-रोज़ के झगड़े ने तो जिन्दगी ज़हर कर दी है।

डॉली : **(प्रवेश करते हुए)** मैंने जिन्दगी ज़हर कर दी है?

रंजीत : मैंने कहा झगड़ों ने।

डॉली : मैं झगड़ों के लिए बिल्कुल भी ज़िम्मेदार नहीं हूँ।

रंजीत : **(रोष से)** सारी ज़िम्मेदारी मेरी है?

डॉली : हाँ आपकी। धीर भाई, आप ही बताइए, अगर ये दफ़्तर से देर से आएँ और मैं ज़रा-सां पूछ बैठूँ, तो बस यह बिगड़कर झगड़ा कर बैठें, तो इसमें मेरी क्या ज़िम्मेदारी है?

रंजीत : मेरा एक दोस्त तो कहता है, रंजीत मेरी शादी क्या हुई, जन्म क़ैद हो गई।

धीर : **(हँसकर)** पूरी जिन्दगी की बामुशक्क़त सज़ा...

डॉली : **(चिढ़कर)** मैं तो जैसे चक्की चलवाती हूँ? शाम को जल्दी घर आने को कह दो तो जेल हो गई।

रंजीत : मैं तुम्हें क्या बताऊँ धीर, मेरी अजब साइकोलोजी हो गई है। हर समय लगता है कि कोई मुझे बन्द कर देना चाहता है। एक तरह की घबराहट, एक तरह की हौलदिली छाई रहती है। दहशत-सी बैठ गई है। ऐसा लगता है कि मेरे चारों ओर मुझे पकड़कर बन्द कर देने की साज़िश हो रही है।

डॉली : **(व्यंग्य से)** मैं तुम्हें बन्द कर देना चाहती हूँ?

रंजीत : डॉली, यह सब तुम्हारी बदौलत है। अगर मैं पागल हुआ तो तुम्हीं कारण होगी। धीर, मैं हर रात सपना देखता हूँ कि कोई मुझे चूहेदान में बन्द कर देना चाहता है। मैं भागता हूँ, मगर चूहेदान के पैर हैं। वह मेरे पीछे-पीछे भागता है।

डॉली : यह सब मैं खूब समझती हूँ। धीर भाई, इनको जुआँ खेलने का चस्का है, वह मैं खेलने नहीं देती। बस इसी की शिकायत है।

रंजीत : मैं क्लब में रमी खेलने जाता हूँ, उसे यह जुआँ कहती हैं। अपनी-अपनी अक़्ल है।

डॉली : रमी जुआँ तो है ही।

रंजीत : क्लब में क्लेक्टर, जज, एस.पी, सब ही रमी खेलते हैं।

डॉली : खेलते हैं तो सब जुआँरी हैं। मैं अगर पुलिस में होती तो सबको जेल में डाल देती।

रंजीत : खुदा गंजे को नाखून न दे।

डॉली : **(क्रोध से)** देखा धीर भाई! कुछ न मिला तो गाली-गलौज पर उतारू हो गए। जुआँरी भला बातों से माने हैं। **(पैर पटकते हुए घर के भीतर प्रस्थान)**

रंजीत : देखा तुमने? देखा तुमने धीर! बात-बात में कुछ कह दो तो दनदनाती हुई उठ करके चल देंगी। मुझसे तो नहीं निभता यह रोज़-रोज़ का नरक।

धीर : बादशाह जहाँगीर पर भी ऐसी ही मुसीबत आई थी।

रंजीत : क्या?

धीर : जहाँगीर ने अपने दरबार के रत्नों से मशवरा किया। उन्होंने बताया-दरअसल औरत एक माँ होती है। वह पति को भी अपना बच्चा ही समझती है। जिस तरह माँ चिन्तित रहती है कि उसका बच्चा अच्छा बने, उसी तरह पत्नी अपने पति को अच्छा बनाने के लिए चिन्तित रहती है।

रंजीत : **(उपेक्षा से)** उँह!

धीर : शादी होते ही पत्नी सोचती है कि उसका पति बिना उसकी देख-रेख के इतना बड़ा हुआ है तो ज़रूर ख़राब हो गया होगा। इसलिए वह शादी होते ही उसको ठीक करने का बीड़ा उठा लेती है।

रंजीत : इससे छुटकारा कहाँ है?

धीर : अगर किसी तरह पति पत्नी को यह विश्वास दिला दे कि शादी के पहले वह कितना ही ख़राब क्यों न रहा हो, अब उसके संरक्षण में सुधार गया है, तो पत्नी अपनी नकेल ढीली कर देगी। न हो, उसे एक महीने अज़माकर देखो।

रंजीत : **(ठण्डी साँस से)** एक महीने!

धीर : हाँ, सिर्फ एक महीने।

(यवनिका)

द्वितीय दृश्य

समय : प्रथम अंक के समय के एक माह पश्चात्।

स्थान : वही-प्रथम अंक के समान।

पर्दा खुलने पर डॉली कमरे में बैठी बुनाई करती दिखाई पड़ती है। उसके चेहरे पर मुस्कराहट है। तभी बाहर कार रुकने की आवाज। थोड़ी देर पश्चात् हाथों में तस्वीरों का बंडल लिए रंजीत बाहर से प्रवेश करता है।

रंजीत : **(आते हुए)** गुड ईवनिंग मेम साहब। जब मैं दफ़्तर से आता हूँ तब ठीक पाँच बजकर पाँच मिनट होते हैं। अगर आपकी घड़ी में कुछ और हो तो वह ग़लत है।

डॉली : पिछले एक महीने से तो आप बिल्कुल बदल गए हैं। चलिए आपकी ख़िदमत में गर्मागर्म चाय तैयार है। **(रुककर)** आपके हाथ में क्या है?

रंजीत : तस्वीरें।

डॉली : तस्वीरें? लाइए देखें तो। **(हाथ से तस्वीर लेकर देखती है)**

डॉली : यह किसकी तस्वीरें हैं?

रंजीत : जहाँगीर की।

डॉली : इतनी सब! इनका क्या होगा?

रंजीत : घर में लगाई जाएँगी।

डॉली : यह आपको क्या सूझा! जहाँगीर की तस्वीर में ऐसी क्या बात है जो उसकी तस्वीरें लगा रहे हैं।

रंजीत : कोई ख़ास बात है तभी तो...

डॉली : मैं भी तो सुनूँ।

रंजीत : **(झिझकते हुए)** आज दफ़्तर से लंच में मैं एक मीटिंग में चला गया था **(सफाई में)** मैं तुमसे बिना पूछे तो कहीं जाता नहीं। ज़बरदस्ती पकड़ ले गए थे। तुम्हारी क़सम!

डॉली : मीटिंग? किस बात की थी?

रंजीत : हेन पेक्ड हसबैंड्ज की?

डॉली : हेन पेक्ड हसबैंड्ज की?

रंजीत : शहर-भर के जोरू के गुलाम वहाँ पर मौजूद थे।

डॉली : लेकिन आप तो हॅन-पॅक्ड नहीं हैं।

रंजीत : हाँ, मैंने भी उन लोगों से यह कहा कि क्योंकि मेरी बीवी मुझे हॅन-पॅक्ड नहीं कहती, इसलिए मैं हॅन-पॅक्ड नहीं हूँ।

डॉली : तो?

रंजीत : इस पर वे बोले कि तुम असली जोरू के गुलाम हो और मुझे ज़बरदस्ती पकड़ ले गए। वहाँ आफ़िस-बियरर्स का चुनाव हो रहा था। एक ने मेरा नाम प्रस्तावित किया दूसरे ने समर्थन किया और मैं देखते-ही-देखते जोरू के गुलामों का वाइस-प्रेसीडेंट चुन लिया गया।

डॉली : आप वाइस-प्रेसीडेंट हो गए!

रंजीत : **(सफाई के स्वर में)** लेकिन मैंने तुरन्त इनकार कर दिया। मैंने साफ़-साफ़ कह दिया कि मैं अपनी बीवी से बिना पूछे वाइस-प्रेसीडेंट नहीं बन सकता।

डॉली : फिर?

रंजीत : बस इस पर उन लोगों ने मुझे प्रेसीडेन्ट चुन लिया।

डॉली : प्रेसीडेन्ट?

रंजीत : हाँ डॉली, अब मैं पत्नी-दास-सभा का सभापति हूँ। उर्दू में कहा जाए तो गुलामे-जोरू जमात का सदर हूँ।

डॉली : अच्छा मज़ाक है।

रंजीत : डॉली, तुम नाराज़ न हो। प्रेसीडेंटशिप मैंने इसी शर्त पर स्वीकार की है कि अगर तुम मना कर दोगी तो मैं रिज़ाइन कर दूँगा।

डॉली : ये तस्वीरें कैसी हैं?

रंजीत : हमारी एसोसिएशन के हर सदस्य को जहाँगीर की तस्वीर अपने घर में लगानी पड़ती है, क्योंकि जहाँगीर अपने समय का सबसे बड़ा जोरू का गुलाम था। वैसे हम लोगों को प्रेरणा तो भगवान राम से प्राप्त हुई है।

डॉली : **(साश्चर्य से)** भगवान राम से?

रंजीत : भगवान राम तो स्वयं ईश्वर थे। अन्तर्यामी थे। सब कुछ जानते थे, लेकिन जब सोने का हिरन देखकर सीता जी ने उसकी खाल माँगी, तो जानते हुए भी कि हिरन माया का है वह उसे मारने दौड़ पड़े। इसका अर्थ यह हुआ कि भगवान मनुष्य के रूप सब कुछ उसी प्रकार कर रहे थे जिस प्रकार

मनुष्य को करना चाहिए। जोरू का इशारा पाते ही वह आदर्श मनुष्य-धर्म निबाहते हुए एक पत्नी के गुलाम की भाँति हिरन के पीछे भाग निकले।

डॉली : **(परिहास में)** फिर राम की तस्वीरें क्यों नहीं लगाते?

रंजीत : भगवान राम हिन्दुओं के देवता हैं। हमारा हॅन-पॅक्ड एसोसिएशन धर्मनिरपेक्ष है। जोरू धर्म सब धर्मों से बड़ा धर्म है। वह काल, दिशा, देश आदि के भेदभावों को नहीं मानता। उसका कारण भी है। जोरू के गुलाम हर देश में मिल जाएँगे। चाहे वह काला अफ्रीका हो या गोरा यूरोप, भूरा हिन्दुस्तान या पीला जापान।

डॉली : तो फिर?

रंजीत : कम्युनिस्ट रूस और पूँजीवादी अमरीका में भी जोरू के गुलामों की कमी नहीं, इसीलिए तो हमारे एसोसिएशन का नारा है—दुनिया के जोरू के गुलाम एक हों।

डॉली : अच्छा, अच्छा, समझ गई। लेकिन जहाँगीर को क्यों अपना देवता चुना?

रंजीत : जब कोई धार्मिक देवता आदर्श नहीं बन सकता, तो कोई ऐतिहासिक सम्राट चुनना था। साफ़ बात है कि जहाँगीर के बराबर का जोरू का गुलाम कोई दूसरा बादशाह दुनिया के किसी देश में पैदा नहीं हुआ।

डॉली : **(संशय से)** अच्छा!

रंजीत : जहाँगीर के जलाल का डंका पूरे हिन्दुस्तान में बजता था। उसकी धाक ईरान और तूरान के शाही तख़्तों पर थी। उसकी दौलत और शानोशौक़त की शोहरत सात समुन्दर पार करके विलायत पहुँची और वहाँ से सर टामस हज़ारों मुसीबतें झेलता जहाँगीर के हुज़ूर में जुहार करने पहुँचा। ऐसे पुरनूर हुज़ूरे आला, शहंशाह की पाक शोहरत का राज़ जानती हो क्या था? वह एक फ़रमाबरदार जोरू का गुलाम था।
(दोनों घुटनों पर बैठकर सर झुकाता है)

डॉली : आप अच्छे एक्टर बन सकते हैं।

रंजीत : शुक्रिया! हाँ, तो मैं कह रहा था कि जहाँगीर ने अपने ख़्वाबों की महबूबा, हसीना दिलरुबा नूरजहाँ के आगे घुटने टेककर

कहा—मेरे दिलोजान की मलिका, यह ताजोतख़्त तो सब तुम्हारा है। तुम्हारे रहमोकरम से एक जाम शराब और एक अदद गोली अफ़ीम मिल जाए तो मेरे लिए बहुत है। मुझे और कुछ नहीं चाहिए। मैं तुम्हारा एक अदना गुलाम हूँ।

डॉली : बातें ही बनाएँगे या चाय भी पीनी है।

रंजीत : तुम चलो, मैं एक मिनट में आया तस्वीर लगाकर।

डॉली : क्या सचमुच तस्वीर लगाएँगे?

रंजीत : क्या मैं मज़ाक कर रहा था!

डॉली : **(आमोदित)** अच्छा तो लगाइए तस्वीर। मैं अन्दर चाय ठीक करती हूँ। **(प्रस्थान-अन्दर)**

(रंजीत जहाँगीर की तस्वीर टाँगता है, तब ही बाहर से धीर का प्रवेश)

धीर : **(प्रवेश करते हुए)** लग गई जहाँगीर की तस्वीर।

रंजीत : आओ धीर, आओ।

धीर : रंजीत, जहाँगीर की तस्वीर का कुछ असर हुआ?

रंजीत : असर? थैंक यू वेरीमच धीर।

धीर : क़ैदी पर पहरा कुछ कम हुआ?

रंजीत : जेलख़ाने की कोठरी में खिड़कियाँ बन गई हैं।

धीर : अच्छा?

रंजीत : कभी-कभी खिड़कियों से एक आध भटकती किरण भी आ जाती है।

धीर : क़ैदी कभी-कभी गुड कन्डक्ट पर पेरोल पर भी छोड़े जाते हैं।

रंजीत : मैं तो रिहाई की उम्मीद लगाए बैठा हूँ।

धीर : तब तो जेलर बहुत ही खुश हैं?

रंजीत : और नहीं तो क्या!

धीर : तब तो आज मौक़ा अच्छा है। इजाज़त माँगकर देखो।

डॉली : **(प्रवेश करके)** चाय तैयार है। ओह धीर भाई! आप कितने दिन बाद आज आए!

धीर : भाभी जी, रंजीत भी तो उधर एक महीने बिल्कुल दिखाई नहीं पड़ा।

रंजीत : धीर, मैंने आवारगी छोड़ दी है। ठीक है ना डॉली?

धीर : लगता है भाभी जी, आपने बिचारे पर मन्तर पढ़ दिया है।

रंजीत : मुझे खुद ही समझ आ गई है। अब बताओ, दिन-भर निठल्लों की तरह कॉफ़ी हाउस में समय बरबाद करने में क्या तुक है। ठीक जवाब दिया न डॉली?

डॉली : कामकाजी आदमी को इतनी फुरसत कहाँ?

धीर : क्लब में तुम्हारी बहुत याद होती थी रंजीत। गुप्ता कह रहा था कि अगर तुम्हारी तरह उसे क्लब न आने को मिले तो वह तो बोरडम से ही मर जाए।

डॉली : उनकी अभी शादी नहीं हुई है, तब ही ऐसी बातें करते हैं।

रंजीत : गुप्ता अभी जानता नहीं कि शादी के बाद घर पर कितना मन लगता है। घरेलू बातें कम रोचक नहीं होतीं। आजकल तरकारियों के दाम बढ़ गए हैं। नौकर बड़े लाट साहब हो गए हैं। पड़ोसिन की लड़की बड़ी पापुलर हो रही है वग़ैरह-वग़ैरह। कभी-कभी तो ज्ञानवर्द्धक डिस्कशन हो जाते हैं। बेसन की पकोड़ी घी में ज़्यादा अच्छी बनती है, या तेल में। नीले ड्राइंग-रूम में नीले पर्दे ज़्यादा अच्छे लगेंगे या पीले। अब बताओ, ऐसी इन्टेलेक्चुअल बातें घर के अलावा कहीं और मिल सकती हैं?

धीर : कभी नहीं।

रंजीत : कल हम लोगों का पिक्चर का प्रोग्राम है।

धीर : कौन-सी पिक्चर?

रंजीत : क्या नाम है उसका डॉली?

डॉली : प्यार की चकाचौंध।

रंजीत : आहा, क्या नाम है! प्यार की चकाचौंध!!

धीर : रंजीत, तुमने हिन्दी पिक्चरें कब से देखनी शुरू कर दी हैं।

रंजीत : जब से अक़्ल आई। क्यों ठीक कहा ना डॉली?

डॉली : अंग्रेज़ी फ़िल्में कितनी ही अच्छी क्यों न हों, उनमें वह इन्टरटेनमेंट नहीं होता, जो हिन्दी फ़िल्मों में होता है।

रंजीत : बम्बइया फ़िल्में तो इन्टरटेनमेंट में कमाल कर देती हैं। कुछ दिनों पहले हम लोगों ने एक पिक्चर देखी। नाम था 'जिगर और खंजर'। उसमें जब हीरोइन को अपने प्रेमी के मरने की ख़बर मिली तो एकदम गाना गाने लगी। क्या दर्दनाक ग़ज़ल थी। पूरा हॉल रोने लगा। डॉली ने भी आँसूओं से रूमाल

भिगो दिया। बताओ, अंग्रेज़ी फ़िल्म में हीरोइन रोने की जगह गाना गा सकती है। ठीक कहा न डॉली?

डॉली : आप मेरा मज़ाक बना रहे हैं?

रंजीत : धीर, इनकी यही बात बुरी लग जाती है। सच कहता हूँ, दिल पर जो चोट लगती है बताई नहीं जा सकती।

धीर : क्या बात?

रंजीत : यही हर समय मुझ पर शक करना! मैं कितनी ही गम्भीरता से बात कहूँ, तुम्हारी भाभी हमेशा ही कहेंगी, मैं मज़ाक कर रहा हूँ।

धीर : यह बात तो ठीक नहीं है भाभी जी। रंजीत बेचारा तो हमेशा आपके गुणों की गाथा गाया करता था।

डॉली : **(रुचि से)** अच्छा!

धीर : हाँ और क्या! जब बात करो, तो यही कहेगा कि मेरी बीवी ने मेरी जिन्दगी बना दी। शादी के पहले मैंने हज़ारों रुपये उड़ा दिए। मुझे उसने अच्छे बुरे में फ़र्क़ करने की तमीज़ दी। मुझे आँखें दी, कान दिए। आपको तो कहता है बस देवी हैं देवी। स्वर्ग से सीधी उतरकर मेरा उद्धार करने चली आईं।

डॉली : **(प्रसन्नता को छिपाने का प्रयास करती हुई)** अरे यों ही कह दिया होगा।

धीर : मुँह पर तो सभी तारीफ़ करते हैं। पीठ पीछे जो तारीफ़ करे, सच्ची तारीफ़ वही है।

रंजीत : **(रौब से)** मैं यों ही कहूँगा। मैं गुलामे जोरू-जमात का सदर यों ही कहूँगा?

धीर : किसके सदर?

रंजीत : दुनिया जानती है कि डॉली ने मेरे नकेल डाल दी है। मैं कौन-सा काम अपने-आप करता हूँ, तुम्हीं बताओ धीर।

धीर : इसे हटाओ रंजीत! यह बताओ, आज पार्टी में चल रहे हो?

रंजीत : नहीं भाई। मैंने डॉली से पूछा नहीं है।

डॉली : कौन-सी पार्टी?

धीर : हम लोगों का एक दोस्त पाँच साल बाद अमरीका से वापस आया है। उसी के लिए गुप्ता डिनर थ्रो कर रहा है। ऑल मेल पार्टी जिसमें स्त्रियाँ सम्मिलित नहीं हो सकतीं। मेरा

मतलब समझ गई होंगी आप?

डॉली : समझ गई मतलब।

धीर : अगर आप इजाज़त दें, तो रंजीत भी शामिल हो आए उसमें।

डॉली : आप जाना चाहते हैं?

रंजीत : बिल्कुल नहीं। भला तुम्हें छोड़कर जाने की इच्छा होगी मेरी!

डॉली : मन-मन भावे मुड़ी हिलावे। जाइए, हो आइए।

रंजीत : तुम कहती हो तो चला जाऊँगा।

डॉली : हाँ मन बदल जाएगा। मैं भी चलूँ। मुझे भी बहुत काम करने हैं **(जाते हुए दूर से)** और डिनर के बाद दोस्त लोग कहें, तो रमी भी खेल लीजिएगा। **(प्रस्थान)**

रंजीत : **(रुककर)** धीर, तुमने वही सुना जो मैंने सुना? डॉली ने कहा रमी खेल लीजिएगा।

धीर : (हँसकर) जेलर ने रिहाई का ऐलान किया है, जहाँगीर का शुक्रिया अदा करो।

रंजीत : जय जहाँगीर। **(जहाँगीर की तस्वीर के सामने सर झुकाता है)**

(यवनिका)

□□